U0509946

长江与海洋文明

考古文物精品展

THE YANGTZE RIVER AND MARITIME CIVILIZATION
EXHIBITION OF FINE ARCHAEOLOGICAL RELICS

中国航海博物馆　编著

江海共潮生

COMMON RISE OF
RIVER AND SEA

文物出版社

图书在版编目（CIP）数据

江海共潮生：长江与海洋文明考古文物精品展 /中国航海博物馆编著. —— 北京：文物出版社，2024.3
ISBN 978-7-5010-8396-1

Ⅰ.①江… Ⅱ.①中… Ⅲ.①文物—中国—图集 Ⅳ.①K870.2

中国国家版本馆CIP数据核字（2024）第062148号

审图号：GS京（2024）0583号

江海共潮生
——长江与海洋文明考古文物精品展

编　　著　中国航海博物馆

责任编辑　谷　雨

摄　　影　张　冰

责任印制　张　丽

责任校对　赵　宁

出版发行　文物出版社
社　　址　北京市东城区东直门内北小街2号楼
邮　　编　100007
网　　址　http://www.wenwu.com
经　　销　新华书店
制版印刷　天津裕同印刷有限公司
开　　本　965mm×1270mm　1/16
印　　张　21.25
版　　次　2024年3月第1版
印　　次　2024年3月第1次印刷
书　　号　ISBN 978-7-5010-8396-1
定　　价　480.00元

本书版权独家所有，非经授权，不得复制翻印

展览指导单位
上海市交通委员会　上海市文化和旅游局（上海市文物局）
长江流域博物馆联盟　中国博物馆协会航海博物馆专业委员会

展览主办单位
中国航海博物馆

联合办展单位（按行政区划排列）
上海：上海博物馆　上海市历史博物馆　嘉定博物馆　上海市金山区博物馆　上海市松江区博物馆
　　　上海市青浦区博物馆　上海市奉贤区博物馆
江苏：南京市博物总馆　苏州博物馆　扬州博物馆　扬州市文物考古研究所　太仓市博物馆
浙江：温州博物馆　绍兴市柯桥区博物馆　绍兴市上虞博物馆
安徽：安徽博物院　马鞍山市三国朱然家族墓地博物馆　含山博物馆
江西：江西省博物馆　景德镇中国陶瓷博物馆　景德镇御窑博物院　九江市博物馆
湖北：湖北省博物馆　武汉博物馆　盘龙城遗址博物院　荆州博物馆　随州市博物馆
湖南：湖南博物院　长沙市博物馆
广东：广东海上丝绸之路博物馆
海南：中国（海南）南海博物馆
重庆：重庆中国三峡博物馆
四川：四川博物院　成都博物馆　成都金沙遗址博物馆　成都武侯祠博物馆　四川广汉三星堆博物馆
　　　绵阳市博物馆
云南：云南省博物馆
陕西：宝鸡青铜器博物院

项目统筹：陆　伟
展览协调：单　丽　沈　捷　王宁宁
内容策划：蔡亭亭
形式设计：张　沁

图录编委会
主　　编：赵　峰
副 主 编：陆　伟
执行主编：单　丽　沈　捷　蔡亭亭
顾　　问：彭学斌　章佩岚　翟　杨
编　　辑：史骑畅　钟道波　陈　晨
英文翻译：王家斌

COMMON
RISE OF
RIVER
AND SEA

序

一

  长江，是我国的第一大河，是中华民族的母亲河，滋养了源远流长的中华文明。长江流域是中华文明的发源地和摇篮。

  党的十八大以来，习近平总书记的足迹遍及大江上下，情系母亲河保护与发展。2016年，重庆；2018年，武汉；2020年，南京；2023年，南昌——习近平总书记主持召开多场座谈会，为长江经济带发展指路定向，擘画蓝图。

  为深入学习贯彻习近平总书记关于长江文化的重要论述精神，在国家文物局推动下，在长江流域19个省、自治区、直辖市文物主管部门支持下，由青海省博物馆、四川博物院、西藏博物馆、云南省博物馆、重庆中国三峡博物馆、湖北省博物馆、湖南博物院、江西省博物馆、安徽博物院、南京博物院、上海博物馆、甘肃省博物馆、陕西历史博物馆、河南博物院、贵州省博物馆、广西壮族自治区博物馆、广东省博物馆、浙江省博物馆、福建博物院共同发起倡议，于2021年9月28日成立"长江流域博物馆联盟"。

  长江造就了从巴山蜀水到江南水乡的千年文脉，是中华民族的代表性符号和中华文明的标志性象征。长江流域文物资源丰富，是保护、传承、弘扬长江文化的物质载体。

  长江流域内博物馆数量众多，每一座博物馆都是长江文化的基因库。长江流域博物馆联盟的成立，就是流域内博物馆立足于当前社会发展态势，以国家战略为背景，通过资源整合、统筹发展、协同创新，赋能社会经济文化大发展、大繁荣的探索与尝试。联盟自成立以来，积极与联盟内外、流域内外各文博单位开展广泛而深入的交流与合作。联盟成员间，以文物资源为依托，在展览、科研、文创产品、研学旅游等方向开展了许多积极的合作与实践。

中国航海博物馆举办的"江海共潮生——长江与海洋文明·考古文物精品展"，就是最好的合作与实践案例。此次展览的成功举办，再次说明长江文物资源是我们深入发掘长江文化的时代价值，共谱新时代长江文化之歌的基础。长江流域博物馆、长江流域博物馆联盟，在长江文化保护、传承、弘扬，长江流域文物资源整合与研究等方面，协同合作的前景十分广阔。

　　"江海共潮生——长江与海洋文明·考古文物精品展"图录，不仅保存和记录了展览的文字和图像，还是展览在文化、历史和艺术等诸多方面内涵的整体表达，更是展览的实体化和展览内容的进一步延伸。祝贺图录付梓。

　　是为序。

长江流域博物馆联盟

序二

长江，发源于世界屋脊，穿梭于高山峡谷，川流于中国西南、中南、东南三大地区，最终在上海汇川入海，与海洋文明谱写了"江海共潮生"的华美乐章。

考古资料显示，早在石器时代和青铜时代，长江流域就发展出了高度发达的多元文明，并以长江为纽带，开始了区域文化交流；到了秦汉时期，长江航运随着国家的统一而全面贯通，长江流域的经济、文化快速发展，前所未有地刺激了长江流域与海外文明的交融互动；唐宋以来，随着全国经济重心的南移，以及造船、航海技术的发展，长江流域与海外的物质、文化交流愈发密切，成为连接海上丝绸之路的重要纽带。

作为我国规模最大、等级最高的综合性航海博物馆，一直以来，中国航海博物馆以"弘扬航海文化，传播华夏文明"为宗旨，致力于通过原创精品展览讲好中国航海故事。

2023 年 7 月开幕的"江海共潮生——长江与海洋文明·考古文物精品展"，是中国航海博物馆集 13 省、直辖市 41 家文博单位之力，以长江沿线重大考古发现为依托，通过 159 件/套精品文物展现长江与海洋文明互动交融的精诚之作，彰显了长江对世界文明的杰出贡献，以及江海和合的文明图卷。

为记录本次展览，中国航海博物馆诚心编撰了展览同名图录。希望本书的出版，能够为专家学者们的研究提供全新的思路和方向，也希望能够让更多人了解长江、感悟长江，体会到长江经济带发展之于中华民族永续发展、之于实现中国式现代化的重要意义。

　　"江海共潮生"——诚哉斯言，深以为盼。

中国航海博物馆副馆长

江、海共潮生

COMMON RISE OF
RIVER AND SEA

长江与海洋文明
考 古 文 物 精 品 展

The Yangtze River and Maritime Civilization
Exhibition of Fine Archaeological Relics

江海共潮生
——长江与海洋文明考古文物精品展

专题研究

后 记

图版目录

第三单元 扬帆起千埠
UNIT III FLOURISHING RIVER PORTS

第四单元　江海互吞吐
UNIT IV　RIVER-SEA INTERACTION AND INTEGRATION

江、海、共、潮、生

COMMON RISE OF
RIVER AND SEA

长江与海洋文明
考古文物精品展

The Yangtze River and Maritime Civilization
Exhibition of Fine Archaeological Relics

作为中华民族的母亲河，长江是泱泱中华的文明之源，长江文明也是世界上最主要的大河文明之一。横贯东西，奔腾万古，蜿蜒 6300 多千米的悠悠江水，滋养了从巴山蜀水到江南水乡的千年文脉，为流域人民带来了灌溉之利、舟楫之便、鱼米之裕。先民更依托这条黄金水道，通达海域，与海洋文明共同奏响互动交融的文明华章。

得地利之便，借航运之势，秉开放之态，多元共生的长江流域八面来风，融汇中西，自古以来就是中外文化交流的前沿和高地。为展现长江流域的恢宏文明和航运成就，中国航海博物馆联合 13 省、直辖市 41 家文博单位，以长江相关文物资源与考古成果为依托，阐述长江以其极强的包容力与海洋文明互动交融的过程，彰显长江对世界文明的卓越贡献，以期为推动长江经济带发展及"一带一路"建设尽绵薄之力。

As the mother river of the Chinese nation, the Yangtze River is the origin of the great Chinese civilization, and the Yangtze River civilization is among the world's major river civilizations. Running through Chinese territory and history, this 6,300-kilometer river has nurtured the millennium-honored cultural heritage ranging from the Ba & Shu region in the upper reaches to the water-bound towns in the lower reaches, bringing the benefit of irrigation, convenience of shipping and abundance of products to the people living in the river basin. Our ancestors were able to reach the sea via this so-called golden waterway, and create brilliant civilization echoing and interactive with the maritime civilization.

Taking the advantage of geographical conditions, gathering the momentum of navigational development and taking an attitude of opening-up, the diversified and inclusive Yangtze River basin hoisted sails to all winds where Chinese and western cultures mixed, and has been a frontier and highland of Sino-foreign cultural exchanges since the ancient times. To show the magnificent civilization and shipping achievements of the river basin, China Maritime Museum works with 41 cultural units and museums of 13 provinces and municipalities, and relies on the Yangtze-River-related cultural relics and archaeological outcomes to describe the extraordinary inclusiveness of the Yangtze River and her interaction and integration with maritime civilization, highlight the river's unparallel contribution to world civilization, and thus devote our strength to promoting the development of the Yangtze River economic belt and the Belt and Road Initiative.

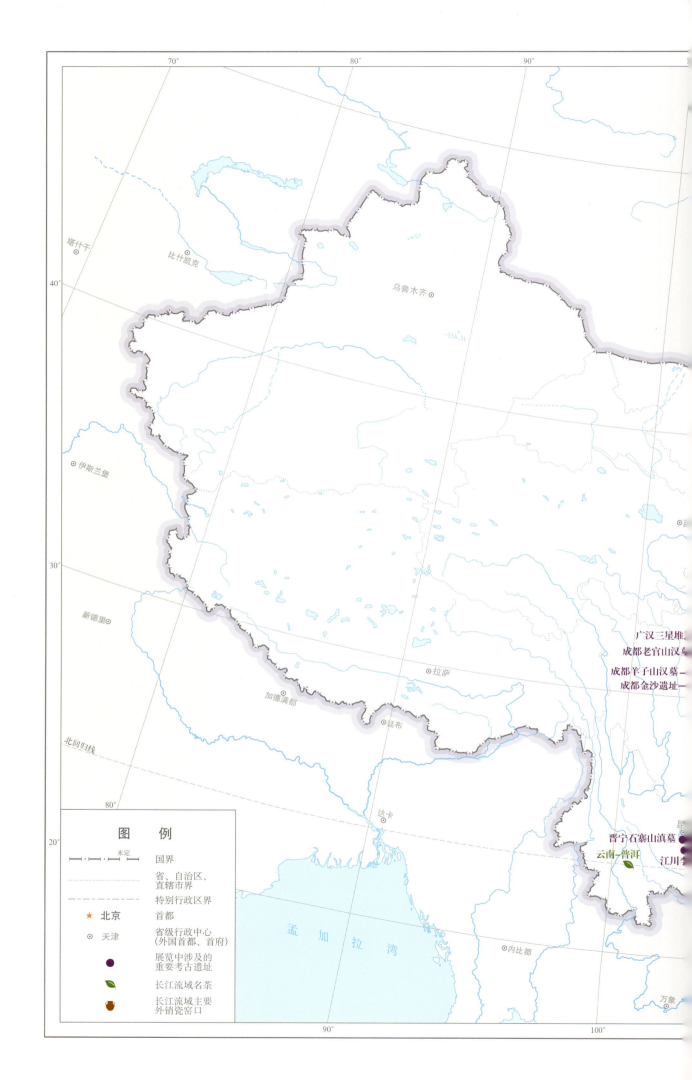

展览中涉及的重要考古遗址及相关信息分布图

塔什干

比什凯克

乌鲁木齐

伊斯兰堡

新德里

拉萨

加德满都

廷布

广汉三星堆
成都老官山汉墓
成都羊子山汉墓
成都金沙遗址

达卡

晋宁石寨山滇墓
云南-普洱
江川李

内比都

孟 加 拉 湾

万象

图 例

┣━·┫━·┫ 未定	国界
··········	省、自治区、直辖市界
— ·· — ·· —	特别行政区界
★ 北京	首都
◎ 天津	省级行政中心（外国首都、首府）
●	展览中涉及的重要考古遗址
🍃	长江流域名茶
🏺	长江流域主要外销瓷窑口

乌兰巴托◎

哈尔滨◎

长春◎

沈阳◎

北京★

天津◎
平壤◎

银川◎

石家庄◎
太原◎

济南◎

郑州

西安◎ 随州曾侯乙墓

宝鸡竹园沟弨国墓地

枣阳九连墩楚墓

云梦睡虎地秦墓

扬州唐城遗址
扬州隋炀帝墓

南京仙鹤观高崧家族墓
南京宝船厂遗址
洞庭-碧螺春

寿州窑
太仓樊村泾遗址

昭化宝轮院船棺葬

天门石家河遗址
寿县蔡侯墓
含山凌家滩遗址
合肥
马鞍山
朱然墓
"长江口二号"沉船
青浦青龙镇遗址
青浦崧泽遗址

奉节上关遗址
黄陂盘龙城遗址
繁昌窑
黄山-毛峰
杭州
德清窑
越窑
印山越国王陵

珠茶
白鹤梁水文遗址
武汉
湖北-青砖茶
景德镇御窑厂遗址
狮峰-龙井

重庆-沱茶
重庆
庐山-云雾茶
景德镇窑
婺州窑

冬笋坝巴人遗址
长沙马王堆汉墓
南昌海昏侯墓
龙泉窑

长沙
洪州窑
长沙窑
新干大洋洲商墓
吉州窑
君山-白亳
赣州窑

福州

贵阳◎

南宁◎
台北

澎湖列岛
台湾岛

广州
香港
香港特别行政区
澳门
澳门特别行政区
东沙群岛
兰屿

"南海一号"沉船

河内

海口

海南岛

南海

太平洋

南海诸岛
1:32 000 000

南宁
广州 广东省
澳门 香港 福建省 台湾省
澳门特别 香港特别 台湾岛
行政区 行政区
东沙群岛

河内
海口 海南省

钓鱼岛 赤尾屿
东沙群岛

西沙群岛
永兴岛
中沙群岛
黄岩岛
马尼拉◎

北回归线

曾母暗沙
斯里巴加湾市◎

1 /

《长江万里图》卷
Scroll Painting of *a Panoramic View of the Yangtze River*

清（1644～1911年）
纵 31.7、横 533 厘米
重庆中国三峡博物馆藏

此卷无款，纸本，青绿设色，描绘了湖北、江西、安徽、江苏、浙江等地长江及其沿岸的自然风光。画中峰峦起伏连绵，江河湖港气象万千，沿途的壮丽云山、幽谷山村、城乡屋宇、江上风帆尽收眼底，太和山、均州城、九华山、襄阳、三山峡、赤壁、黄州、九江府、小孤山、安庆府、报恩寺、镇江、焦山、金山等众多名胜点缀其间，刻画出长江沿岸地域之广大、佳境胜景之可爱。

"长江万里图"是古代文人山水画的常见题材，宋元时期尤为流行。这些以长江为题材的巨幅长卷往往不仅是实景写生，还融入了作者的情感与想象，赋予长江壮阔美丽的自然风光以厚重的历史记忆、复杂的民族情感，使长江从地理景观升华为一种民族文化的象征意象。

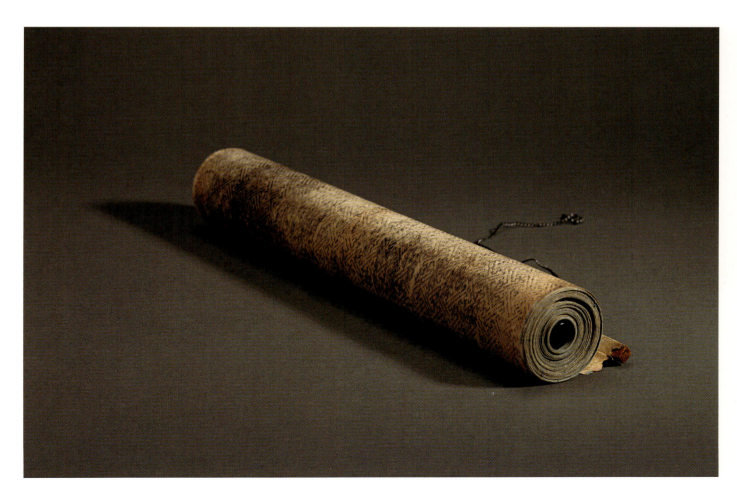

江海共潮生

COMMON RISE OF RIVER AND SEA

长江与海洋文明
考 古 文 物 精 品 展
The Yangtze River and Maritime Civilization
Exhibition of Fine Archaeological Relics

　　长江是我国第一大河，横贯东西，连通陆海，素有"黄金水道"之称。先民逐水而居，早在石器时代和青铜时代就已孕育了高度发达的文明，并以长江为纽带，开始了区域文化交流。文明曙光凌家滩、诞生"中华第一舟"的跨湖桥、惊世骇俗的三星堆、璀璨夺目的金沙遗址、商王重邑盘龙城、青铜宝库大洋洲……各流域早期文明特色鲜明，交相辉映，揭示出长江文明的璀璨多元、长江航运历史的邈远悠久，更以考古发现实证，和黄河一样，长江也是中华文明的重要起源地。

As the largest river in China, the Yangtze River flows from west to east and connects land and sea, known as the "golden waterway". Living by the river, our ancestors had already cultivated highly developed civilizations in the Stone Age and the Bronze Age, and started regional cultural exchanges by using the Yangtze River as a tie. Lingjiatan, the dawn of civilization, Kuahuqiao, the birthplace of China's first boat, Sanxingdui, the sensation of the world, Jinsha, the amazing relic ruins, Panlongcheng, a major city of the Shang Dynasty and Dayangzhou, the treasure house of bronzeware...these early civilizations with distinctive features and brilliance revealed the gorgeous diversified Yangtze River civilization and the long history of shipping development, and proved by archaeological evidence that same as the Yellow River, the Yangtze River is also a major origin of Chinese civilization.

一

逐水而居

　　"水是生存之本、文明之源。"史前时代，长江流域文化已发展到相当的高度。上古先民在长江流域的江河水系及湖泊岸边建立家园，逐渐发展起农业、畜牧业、渔猎业和各种手工业，在孕育文明的同时，也创造了原始浮具、筏和独木舟，开辟了长江航运的源头。

2 /

黑陶豆
Black Pottery *Dou* Utensil

新石器时代屈家岭文化（距今约 5300 ~ 4600 年）
高 15.2、口径 10.6、底径 8 厘米
1974 年湖南澧县梦溪三元宫遗址 20 号墓出土
湖南博物院藏

　　泥质黑陶。豆盘浅平底，高圈足，圈足粗大。器身饰九个圆镂孔。豆为盛食器，高足豆可持柄而食。三元宫遗址所处的澧阳平原是长江文明的重要起源地，也是中国稻作农业的发源地之一。综合三元宫遗址出土的生产生活用具，可以看出当时的人们已经经营农业，并以种植水稻为获取生活来源的主要手段。

石家河遗址位于湖北天门，是长江中游已知分布面积最大、保存最完整、延续时间最长、等级最高的新石器时代聚落遗址群，在距今 4300 年左右达到鼎盛，出土的玉器代表了长江中游史前玉器发展的高峰。

3 /

玉人头像
Head of Jade Figurine

新石器时代后石家河文化（距今约 4200 ～ 3900 年）
长 2.6、宽 1.3、厚 0.5 厘米
1988 年湖北天门肖家屋脊出土
湖北省博物馆藏

玉料呈黄绿色，表面有粉状白斑。长方形片状。雕神人首，头戴平冠，鼻梁与眉脊相连，鼻端呈蒜头形，无目，嘴部下撇、微张，耳部饰圆环，环内未钻眼。左面部对穿圆孔，头像的上下侧各有一个和背面相通的小孔。反面光素。

肖家屋脊位于石家河聚落遗址群的南端，在后石家河文化时期出土了大量神秘玉人像，应是中国先民心目中的神人形象。

凌家滩遗址

　　凌家滩遗址位于安徽含山，东距长江25千米，是长江中下游地区同时期最大的聚落，面积达160万平方米。凌家滩遗址聚落有明显的规划布局和以环壕为代表的大型防卫工程，彰显了一定的社会组织能力。大型祭坛以及集中埋葬的显贵墓葬和平民墓葬，体现出天人沟通的宗教需求和明显的社会等级划分。

4 /

玉镯
Jade Bracelet

新石器时代凌家滩文化（距今约5800～5300年）
外径9.1、内径6、厚1厘米
1998年安徽含山凌家滩遗址出土
含山博物馆藏

　　玉质，呈乳白色泛灰绿斑。器圆形，剖面内厚外薄尖，中孔双面管钻，表面琢磨光滑。

　　在凌家滩遗址中，多件玉镯皆出土于墓主人双臂的位置，反映出当时人们的原始审美观念。

5

石钺
Stone Axe

新石器时代凌家滩文化（距今约 5800 ～ 5300 年）
长 15.1、宽 11.4、孔径 3.2、厚 1.6 厘米
1998 年安徽含山凌家滩遗址出土
含山博物馆藏

　　石质。呈灰红色泛褐斑。平面近似方形。平顶，双面弧刃。近顶处有一个双面管钻孔，便于装柄。孔壁可见明显的旋切痕。器形规整，磨制精细。

　　凌家滩遗址发现的成套高规格石钺应为礼仪兵器，是身份、财富与地位的象征。

6 /

石锛
Stone Adze

新石器时代凌家滩文化（距今约 5800～5300 年）
长 29.3、宽 4.5、厚 2.7 厘米
1987 年安徽含山凌家滩遗址出土
含山博物馆藏

石质，呈青灰色。平面近似长方形，顶平、单面刃、刃口锋利。表面琢磨光滑。

已发现的凌家滩遗址石锛一般为长扁形，以青石制作，未见明显使用痕迹，可能是用来祭祀和陪葬的礼器。

崧泽遗址

　　崧泽遗址位于上海青浦，遗址中发现房址、水井、墓葬、人骨、炭化稻谷等遗存，是上海最早有人类居住的地方之一，被称为上海远古文化的发源地，对研究中国早期文明起源、长江下游地区新石器时代文化和上海史前史具有重要意义。

7 /

家猪陶塑
Pottery Pig Figurine

新石器时代马家浜文化（距今约 7000 ~ 6000 年）
高 4.9、长 8.1、宽 4.6 厘米
2004 年上海青浦崧泽遗址 1 号沟出土
上海博物馆藏

　　陶猪身躯肥硕，嘴部前拱短促，腹部圆滚下坠，四腿粗短，野猪的特征已荡然无存。崧泽遗址先民主要以农业为生，生活由采集、渔猎等发展为畜牧、饲养和农耕。这件陶猪展示了上海先民饲养的家猪的生动形象，将上海地区驯化猪的历史向前推进到 6000 多年前。

8 /

田螺山木桨
Wood Paddle of Tianluoshan Relics Site

新石器时代河姆渡文化（距今约 6000 年）
长 103、宽 11 厘米
2004 年浙江余姚田螺山遗址出土
中国航海博物馆藏

小圆柄，桨叶长而扁平，起中脊，横断面呈菱形，头端尖似矛。整器磨光。

田螺山遗址属河姆渡文化早期，出土近 30 件大小不一、形态各异的木桨，其中多数比较完整，且大部分出土于河岸附近。

长江流域出土的部分早期舟船相关遗存

舟船相关遗存	名　称	出土地	时　代	简　介
	井头山木桨	浙江余姚	距今约8300～7800年	我国迄今出土最早、保存最完整的船桨。
	跨湖桥独木舟	浙江萧山	距今约8000～7500年	目前发现的中国最早的独木舟，被称为"中华第一舟"，由整棵马尾松经火烧锛斫而成。独木舟两侧还各发现一把木桨。
	河姆渡木桨	浙江余姚	距今约7000年	外形与现今使用的木桨基本相似。
	河姆渡舟形陶器	浙江余姚	距今约7000年	呈小舟形，被认为是对当时独木舟的模仿。
	圩墩木桨	江苏常州	距今约6200～5900年	取整段榉木剖削而成，桨面近似椭圆形，加工精细，灵巧实用。
	圩墩木橹	江苏常州	距今约6200～5900年	由整块原木砍削加工而成，外形结构与近现代木橹基本相似，被誉为"中华第一橹"。

早在新石器时代早期，长江中下游地区的原始先民就发明了目前已知的中国最古老的舟船，是乘舟泛江乃至扬帆海上的先驱。独木舟和木桨的问世，使长江航运摆脱了原始蒙昧状态。

舟船相关遗存	名称	出土地	时代	简介
	红花套 舟形陶器	湖北宜都	距今约6000年	同时出土石锛、石斧等独木舟制造工具。
	田螺山木桨	浙江余姚	距今约6000年	同时出土木桨近30件。
	茅山独木舟	浙江余杭	距今约5000年	是目前国内考古发掘出土最长、最完整的史前独木舟。
	南湖竹筏	浙江余杭	距今5000余年	为马桥文化时期的完整竹排，由5道竹篾编成。
	施岙独木舟	浙江余姚	距今约4900年	目前已发现的宁波地区最早的独木舟，仅存船身部分。
	卞家山木桨	浙江余杭	距今4900~4500年	由青冈木制成，桨叶为宽扁方头，桨叶与把手的长度相近。
	钱山漾木桨	浙江湖州	距今约4700年	为短桨，用于独木舟更为方便省力。

二
古蜀惊世

　　夏商周三代的核心虽在中原地区，长江流域却也发展出多个文明中心。古蜀是长江上游的古代文明中心，以三星堆遗址和金沙遗址为主要代表，神秘诡谲，极具特色。古蜀文明开放包容，兼收并蓄，不仅与长江中下游联系紧密，和海外亦有交流。

三星堆遗址

"沉睡数千年，一醒惊天下。"三星堆遗址位于四川广汉，主要包括1986年发现的1号、2号祭祀坑，及近年来发掘的3～8号祭祀坑，是古蜀青铜文明的第一个高峰。古蜀人构建了庞大的祭祀系统，三星堆出土的大量造型奇特、不见于中原和世界其他地区的青铜像，作为连接天地、沟通人神的祭祀礼器，反映了古蜀人独特的审美意识和神秘的宗教信仰。

9 /

铜人头像
Bronze Statue of Human Head

商（公元前1600～前1046年）
高38.5、头横径19、头纵径17厘米
1986年四川广汉三星堆遗址2号祭祀坑出土
四川广汉三星堆博物馆藏

头像平顶方颐，粗眉立眼，蒜头鼻，阔口大耳，耳垂穿孔。头发向后梳理，发辫垂于脑后，上端扎束。颈粗而长，下端前后铸成倒尖角形。

青铜人头像是三星堆遗址中最具特色的器物之一，这些造型各异的人像应是祭祀活动中受人膜拜的偶像，既象征天神、地祇、祖先神等，也代表国王、巫师等世俗或精神领袖，反映出古蜀人神合一、政教合一的社会形态。

10 /

扇贝形铜挂饰
Scallop-shaped Bronze Pendant

商（公元前 1600 ~ 前 1046 年）
长 11、宽 8.8、厚 1.1 厘米
1986 年四川广汉三星堆遗址 2 号祭祀坑出土
四川广汉三星堆博物馆藏

呈圆角梯形。顶端置一圆环纽，纽两侧有新月
形凸起。器身正面隆起，有放射状脊棱，两侧有长
而薄的翼。可能是青铜神树上悬挂的装饰物。

11 /

海贝
Seashells

商（公元前 1600 ~ 前 1046 年）
高 1.8、长 3.4、宽 2 厘米
2021 年四川广汉三星堆遗址 3 号祭祀坑出土
四川广汉三星堆博物馆藏

　　呈黑色，卵圆形。海贝是中国文明社会初期进行商品交换的原始货币，是财富的象征。考古资料显示，商周时期长江上游就开通了从四川经云南出中国至缅甸、印度等地的交通线，印度洋地区的齿贝、象牙等经此传入巴蜀。三星堆祭祀坑发现了大量印度洋海贝，且越南北部东山文化遗址还出土了与古蜀样式一致的凹刃玉凿、有领玉璧、玉璋等器物，可见古蜀国很早就与域外发生联系，所经通道应就是早期的南方丝绸之路。

金沙遗址

　　金沙遗址位于四川成都，是古蜀文明继三星堆之后的又一中心。遗址发现了大型建筑基址、滨河祭祀场所、生活居址以及多处集中墓地等重要遗存，丰富了人们对古蜀文明发展演进的认知。

12 /

镂空铜眼形器
Hollow Eye-shaped Bronze Piece

商晚期至西周早期（公元前 13 世纪～前 10 世纪）
长 20.9、宽 9.07、厚 0.12 厘米
2001 年四川成都金沙遗址祭祀区出土
成都金沙遗址博物馆藏

　　整体近菱形，扁平，两端尖，中间边缘呈弧形。中部以三处镂空表示眼睛的内部结构，圆孔代表眼珠，两边的内弧三角形表示眼白。

　　古蜀文化中的大量器物都会对眼睛着力表现。传说蜀人祖先蚕丛"纵目"，此类眼睛崇拜可能由此而来。眼睛也是巫觋知天地、通鬼神能力的外化表现，是通神的媒介。金沙遗址出土铜眼形器与三星堆出土的眼形器相比无边缘穿孔，可能是镶嵌或粘贴在其他器物之上。

13 /

铜鸟
Bronze Bird

商晚期至西周早期（公元前 13 世纪~前 10 世纪）
高 5.3、长 5、宽 1.5 厘米
2001 年四川成都金沙遗址祭祀区出土
成都金沙遗址博物馆藏

　　铜鸟昂首站立，鸟嘴上翘，圆眼凸出，双翅收束并上翘，尾羽折而下垂，形象生动。鸟眼部和颈部饰圆点纹，尾羽饰变形的卷云纹，纹饰均为阴线，以墨填充。在鸟的腹下有残断的柱形器，可能是铜鸟与某一铜器的连接部分，故该铜鸟应是某一大型铜器的附件。

　　鸟在中国古代常被视为沟通天地的使者，是古蜀文化常见的动物造型，金沙遗址出土的众多鸟形文物充分说明了古蜀人对鸟的崇拜。

14 /

鱼纹金带
Gold Belt Incised with Fish Pattern

商晚期至西周早期（公元前 13 世纪～前 10 世纪）
长 16.2、宽 1.7、厚 0.04 厘米
2001 年四川成都金沙遗址祭祀区出土
成都金沙遗址博物馆藏

　　扁平，平面呈梯形。每面均有两鱼形纹饰，鱼尾向外，鱼首相对。鱼喙较
长，前端上勾，眼睛呈梭形，造型凶猛，形状奇特。金带锤鍱成形，纹饰主要
采用錾刻工艺，在鱼身等部分细部辅以刻划工艺。类似鱼纹在三星堆遗址出土
金杖上亦有发现，既有装饰作用，也具有象征含义。

　　金沙遗址出土了 200 多件精美的黄金制品，是古蜀祭祀文化的重要载体，
其数量、种类及制作工艺均为目前我国同时期遗址出土金器之最。

15 /

鱼形金箔
Fish-like Gold Foils

商晚期至西周早期（公元前 13 世纪～前 10 世纪）
上：长 14.75、宽 0.82、厚 0.03 厘米
下：长 14.9、宽 0.82、厚 0.03 厘米
2001 年四川成都金沙遗址祭祀区出土
成都金沙遗址博物馆藏

两件，形制、大小基本相同。整器扁平，像一片柳叶，头端有一孔，尾端收成尖状。正面錾刻叶脉纹，有学者认为可能是鱼刺纹。整体锤鍱成形，成形时应垫有模具，再用切割技术修剪边缘。

鱼形金箔在三星堆遗址也有不少发现，应都是作为挂饰来使用的，体现出古蜀人对鱼的崇拜，也说明鱼在古蜀人的生活中居于较为重要的地位。

16 ／

金人面像
Gold Human-face-shaped Ornament

商晚期至西周早期（公元前 13 世纪～前 10 世纪）
长 10.1、宽 8.6、厚 0.03 厘米
2001 年四川成都金沙遗址祭祀区出土
成都金沙遗址博物馆藏

由沙金锤鍱而成，片状，上大下小呈心形，以宽带构成图案。上端不封闭，两端对称向下内卷，心形内有两条宽带相对上卷，共同构成两组对卷云纹。

与之相似的图案在三星堆遗址和金沙遗址的玉璋、玉戈上也有发现，有学者称之为蝉纹。这种图案或单独出现，或刻于通神、娱神的礼器上，并常居于显要位置，说明它很可能是古蜀王国中一个极其重要的符号，对于古蜀人应有特殊意义。

17 /

玉璋
Jade *Zhang*

商晚期至西周早期（公元前 13 世纪～前 10 世纪）
长 22、宽 4.2、厚 0.7 厘米
2001 年四川成都金沙遗址祭祀区出土
成都金沙遗址博物馆藏

灰白玉质，器身有黑、褐、黄色沁斑。刃呈斜凹弧形，阑部有主阑、附阑、阑间饰三部分，阑上刻细密的平行直线纹。阑上部与柄部各有一单面钻穿孔。整器制作简练细腻，打磨光滑。

金沙遗址出土玉器 3000 余件，数量巨大，种类丰富，是祭祀活动中通天地、礼四方、祀鬼神的社稷重器。商周时期，长江流域与黄河流域的文化交流日益密切，玉璋作为黄河流域二里头文化的典型器物，也出现在长江上游古蜀文化中，成为代表性的礼器之一。

玉琮是古代用于祭祀神祇的重要礼器，以长江下游良渚文化的玉琮最为典型。玉琮在三星堆遗址也有发现，金沙遗址更出土 27 件，部分器物的形制、纹饰与良渚文化极为相似。这使人们有理由相信，数千年前，长江上游与下游的先民便以大江为纽带，开始了交流与往来。

金沙遗址出土
新石器时代十节青玉琮

良渚遗址出土
新石器时代玉琮式管

18 /

玉琮
Jade Cong

商（公元前 1600～前 1046 年）
高 11、直径 9 厘米
1931 年四川广汉三星堆遗址燕家院子出土
四川博物院藏

　　灰绿玉质，表面光滑无纹饰，有褐色沁斑。玉琮外方内圆，象征"天圆地方"，中有一孔相通，意表"贯通天地"，是古代社会象征精神信仰与政治权力的神圣之物。根据《周礼》记载，商周祭祀活动中"以玉作六器，以礼天地四方"："以苍璧礼天，以黄琮礼地，以青圭礼东方，以赤璋礼南方，以白琥礼西方，以玄璜礼北方。"可见玉琮是用以祭地的礼器。

19 /

素面玉琮
Undecorated Jade *Cong*

商晚期至西周早期（公元前 13 世纪～前 10 世纪）
高 5.4、长 6.2、宽 6.1、孔径 3.9 厘米
2001 年四川成都金沙遗址祭祀区出土
成都金沙遗址博物馆藏

透闪石软玉，不透明，器表灰色夹杂红色，色彩艳丽。器为单节长方柱体，外方内圆，孔壁较厚，内外打磨抛光，上下出射，中间孔为单面钻孔而成。

三
方国林立

　　随着独木舟进化为木板船这一造船史上重大技术飞跃的实现，中原商王朝的人们顺利南下来到长江流域。古蜀文明之外，长江两岸各个异彩纷呈的本土文化亦吸收商文化，建立起众多具备青铜器、文字、大型城垣、礼仪中心等国家文明要素的方国，如漫天星斗，熠熠生辉，开启了长江流域群雄竞华的方国时代。

独木舟改造成木板船示意图

盘龙城遗址

盘龙城遗址位于江汉平原东部，今湖北武汉市北郊。约公元前 17 世纪，盘龙城出现先民聚落。公元前 16 世纪，商王朝势力进入江汉地区，盘龙城作为商王朝南下的首邑和军事重镇，实现了约 300 年的繁荣与发展。盘龙城是目前所见夏商时期长江中游规模最大的城市，被誉为"华夏文化南方之源，九省通衢武汉之根"。

盘龙城以长江、汉水为主要航线可连通南北、纵横东西，故成为水路交通枢纽。周边区域铜锡矿产等青铜器原料丰富，经水路汇集到盘龙城后再源源不断运往中原。

20 /

玉戈
Jade Dagger-axe

商（公元前 1600 ~ 前 1046 年）
长 49、宽 7.6、厚 0.5 厘米
2006 年湖北武汉盘龙城遗址采集
盘龙城遗址博物院藏

青灰玉质。前锋尖锐，援有上下刃，援及内中部起棱，内部近阑处有圆形穿孔，内尾稍残。器物表面琢磨光滑。

盘龙城出土玉器达百余件，20 余种，主要来自墓葬和祭祀坑，以玉戈最具特色。这些玉器制作较为精致，主要用途为"祭玉以赂鬼神""葬玉以死而不朽"，同时兼具象征身份等级、充当货币财富及装饰等多种功能。

21 /

铜斝
Bronze *Jia* Utensil

商（公元前 1600 ～前 1046 年）
通高 24.2、口径 15.5 厘米
20 世纪 90 年代湖北武汉盘龙城遗址杨家湾采集
盘龙城遗址博物院藏

　　敞口，口沿处立两伞状柱头，长直颈，一侧附鋬，腹微鼓，平底与锥足相通。柱头顶饰涡纹，颈部和腹部均饰兽面纹，颈部兽面纹上下以联珠纹为界。
　　斝为盛酒器，常与爵、觚配套使用。该斝采集地杨家湾是盘龙城晚期的中心城区所在。盘龙城遗址目前出土青铜器 500 余件，是长江中游青铜文明的起点。器物多为本地铸造，表现出较高的冶铸水平。

22 /

铜象尊
Elephant-shaped Bronze Zun Container

商（公元前 1600 ～前 1046 年）
高 22.8、长 26.5、口长 9.2、口宽 5.1 厘米
1975 年湖南醴陵狮形山出土
湖南博物院藏

尊为酒器，呈象形，失盖。象鼻昂举，中空与腹相通，可作流口。背上有椭圆形口，酒可以从此注入。鼻上饰鳞纹，鼻端饰凤鸟，上有一伏虎。额上饰一对蛇纹。象身两侧饰形状各异的夔纹，前足饰虎纹，后足饰兽面纹，从臀至尾有扉棱。目前商代铜象尊仅发现三件，另外两件皆流失海外。此件也是唯一一件有明确出土地点的商代铜象尊。

商人南下带来的青铜铸造技术，使长江中游的湖南地区进入了青铜时代。在湘江流域，宁乡、醴陵等地出土的独特动物造型和纹饰的精美商周青铜器，揭开了消失方国的神秘面纱。

新干大洋洲商墓

在赣江和鄱阳湖流域，以新干大洋洲商代大墓、吴城遗址为代表的吴城文化呈现出 3000 年前的南方青铜王国面貌。新干大洋洲是中国目前出土青铜器数量最多、种类最丰富的大型商代墓葬，与殷墟妇好墓、三星堆祭祀坑并称为商代青铜器三大发现，对研究长江中游商时期青铜文化的区系类型、商文化的南渐历程等问题具有重要意义。

23 /

虎耳虎形扁足铜鼎

Bronze *Ding* Tripod with Tiger-shaped
Handles and Tiger-shaped Flat Feet

商（公元前 1600～前 1046 年）
通高 38.2、口径 26.4 厘米
1989 年江西新干大洋洲商墓出土
江西省博物馆藏

敞口，斜折沿，外沿环饰一周燕尾纹。双立耳上圆雕伏虎，虎身饰雷纹，四肢屈伏，呈静卧状。垂腹，腹部由三组兽面纹相连而成，兽面纹高鼻棱鼻，展体，尾上卷，上下界以联珠纹。三扁足呈虎形，口张开咬合腹下，虎头、虎身和内侧四肢较为形象，背上和尾部变形，头出角，背生戟，尾卷曲，身饰雷纹，尾布鳞片。

新干大洋洲的青铜礼器、兵器明显受到中原商文化影响，又具有显著地方特色。此类虎装饰的青铜鼎就为长江流域所独有，是商代江西地方青铜文化的标志，表现出赣江流域先民独特的虎崇拜。扁足形制也是长江流域南方青铜器的特色。

▲▲ 江海共潮生
长江与海洋文明考古文物精品展   COMMON RISE OF RIVER AND SEA
The Yangtze River and Maritime Civilization Exhibition of Fine Archaeological Relics

24 /

兽面纹分裆圆肩铜鬲
Bronze *Li* Container with Internal Division, Round
Shoulder and Pattern of Beast Face

商（公元前 1600 ～前 1046 年）
通高 9.6、口径 8 厘米
1989 年江西新干大洋洲商墓出土
江西省博物馆藏

    盘口，斜折沿，方唇，立耳微侈，束颈，圆肩，鼓腹，分裆，袋足中空略
外撇。颈部于两道凸弦纹间饰一周联珠纹，腹足部饰三组简体兽面纹，圆睛凸
出作乳丁状。

    鬲为炊器，主要用来烹煮谷物和小型动物的肉，其重要特征是三足肥大，
形似布袋且中空，以便扩大受热面积，更快地煮熟食物。商晚期以后，青铜鬲
更多作为礼器使用。

弜国墓地

　　沿着长江支流，古蜀文明的影响还延伸到了关中地区。陕西宝鸡茹家庄、竹园沟等西周墓地的发现，使不见史载的古弜国重见天日。弜国墓地出土的部分青铜器与蜀地关系密切，因此被认为可能是古蜀国的分支和延续。

弜国墓地和蜀地出土的相似器物

	"覃父癸" 铭文青铜器	"父己" 铭文青铜器	青铜人像	柳叶形带鞘短剑
弜国墓地	　陕西宝鸡竹园沟弜国墓地出土 "覃父癸" 铜爵	陕西宝鸡竹园沟弜国墓地出土 "父己" 铜觯	陕西宝鸡茹家庄弜国墓地出土男铜人、女铜人	　陕西宝鸡竹园沟弜国墓地出土柳叶形带鞘铜短剑
蜀地	　四川彭州竹瓦街窖藏出土 "覃父癸" 铜觯	　四川彭州竹瓦街窖藏出土 "牧正父己" 铜觯	　四川成都金沙遗址出土青铜立人	　四川成都双元村船棺葬出土带鞘铜双剑

25 /

柳叶形带鞘铜短剑
Willow-leaf-shaped Bronze Dagger with Sheath

西周（公元前 1046 ～前 771 年）
剑通长 22.8、茎长 3.9 厘米，鞘长 18、宽 13 厘米
1976 年陕西宝鸡竹园沟强国墓地 19 号墓出土
宝鸡青铜器博物院藏

短剑带鞘，鞘身木质，外部包裹铜薄片。鞘身羖形，镂孔，鞘体饰一组卷体夔凤纹，两侧提耳呈夔龙形。内装柳叶形剑一柄，剑体较小，中部起脊，短茎一穿。此剑出土时放置在棺内墓主人腹部右侧，应是墓主人生前的防身剑。

26

伯各卣
Bronze *You* Container of Bo Ge

西周（公元前 1046～前 771 年）
通高 27.5、口长 10.7、口宽 8.5、圈足长 11.9、
圈足宽 9.8 厘米
1976 年陕西宝鸡竹园沟强国墓地 7 号墓出土
宝鸡青铜器博物院藏

带盖有提梁，直口，深腹，高圈足，通身有四条高扉棱，纹饰繁缛细腻。盖顶置兽首提手，盖面饰兽面纹，折沿处饰长身回首夔龙纹。提梁与卣身相接处为圆雕卷角羊首，提梁弯折处圆雕牛首，梁背饰夔龙纹。卣身颈部饰一周回首夔龙纹，中间装饰两兽头，腹部饰兽面纹，圈足饰长身夔龙纹。盖、器底均铸有"白（伯）各乍（作）宝尊彝"铭文。竹园沟墓地出土有两件伯各卣，与伯各尊组合成一套盛酒器。此件为大者。

27 /

鲤鱼尊
Carp-shaped Bronze Zun Utensil

西周（公元前 1046～前 771 年）
高 15、长 28、宽 9、口长 7、口宽 4 厘米
1988 年陕西宝鸡茹家庄窖藏出土
宝鸡青铜器博物院藏

器身作鲤鱼形，鱼身肥硕，分尾，口微张，圆眼，两侧腮部各饰一简化窃曲纹状鱼须，鱼体两侧遍布阴线鱼鳞纹。鱼背部有长方形开口，上设一盖，与鱼身开口相扣合，盖面设背鳍状纽，两侧各饰一细阴线雕鲤鱼纹，边沿饰燕尾状纹，盖沿后缘饰阴线窃曲纹。鱼腹下部以四个人形足承托，人皆裸身跣足。

28 /

蕉叶纹铜鼎
Bronze *Ding* Tripod with Pattern of Banana Leaves

西周（公元前 1046 ~ 前 771 年）
通高 36.8、口径 29.8 厘米
1976 年陕西宝鸡竹园沟㵎国墓地 7 号墓出土
宝鸡青铜器博物院藏

口微敛，宽平折沿，厚方唇，方形双立耳，深腹，壁近直，圜底近平，三柱足。器身以云雷纹衬地，上腹部及柱足均饰兽面纹，有扉棱，下腹部以两条对称夔龙组成蕉叶纹。主纹样均作浮雕状。鼎的足、底部可见烟炱，应是常用的炊食器。

COMMON RISE OF
RIVER AND SEA

长江与海洋文明
考 古 文 物 精 品 展
The Yangtze River and Maritime Civilization
Exhibition of Fine Archaeological Relics

　　在早期文明的曙光之后，长江流域迎来了空前大发展。从春秋战国巴蜀、荆楚、吴越等区域文化的百花齐放，到秦汉大一统时期长江流域的快速发展与航线的全线贯通，再到汉末之后割据政权对长江的开发，长江流域一直受到国家治乱分合的直接影响，但同时也作为战略要地，成为成败兴衰的关键所在。在那些英雄辈出的时代，滚滚长江以纵横水网谱写出慷慨激昂的雄伟篇章。在这个过程中，长江文化从多元走向融合，长江航运从散断走向贯通。海上丝绸之路和陆上丝绸之路的开辟，更前所未有地刺激了长江流域与海外文明的交互。

　　The dawn of early civilization was followed by unprecedented development of the Yangtze River basin. From the mushrooming cultures of different regions like Ba & Shu, Jing & Chu and Wu & Yue in the Spring and Autumn period and the Warring State period, to the quick development of river basin and completion of thorough routes for shipping during the great unification periods of the Qin and Han dynasties, and to the exploration activities by the separatist regimes since the end of the Han Dynasty, the Yangtze River basin was directly affected by the unification and separation of dynasties and regimes, and played a key strategic role for success or failure, and rise or fall. In the times when heroes came forth in large numbers, the surging Yangtze River with complex network was recorded as an impassioned chapter in history. During this process, the Yangtze River culture turned from separation to integration with connectivity of shipping routes. The exploration of both onshore and offshore routes of Silk Road spurred the interaction between the Yangtze River basin and foreign civilizations like never before.

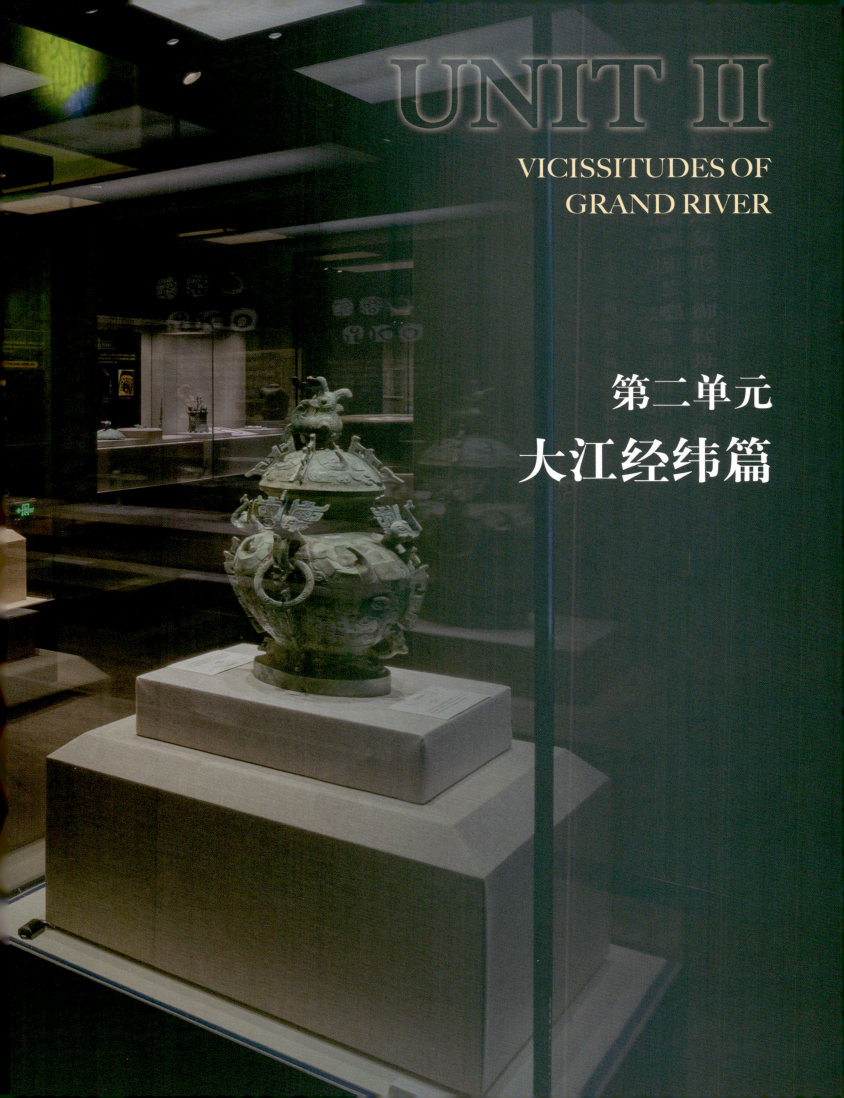

UNIT II

VICISSITUDES OF GRAND RIVER

第二单元
大江经纬篇

一
舟车楫马

　　春秋战国时期，诸侯纷纷割据称雄，长江流域逐渐为众多大小方国所控制。为了赢得战争，很多国家以舟为车，以楫为马，发达的航运和战船、强大的水军力量成为各流域区域文化的显著特征，客观上也推动了长江流域各文化的密切交往以及与域外的沟通交流。

（一） | 楚半天下

　　据文献记载，最早产生舟师和水战的是长江中游的楚国。楚国雄踞南方，利用江汉川泽之饶，在航运的强劲助力下循汉水争霸中原，溯长江西逼巴人，顺江淮东攻吴越，兼并了曾国、蔡国、陈国、邓国等近50个小国，在战国后期占据了大半个长江流域，有"楚地半天下"之称。

　　楚国还开凿了目前所知中国最早的人工运河 —— 江汉运河。这条长江和汉水之间的水上捷径，克服了天然河流对通航的限制，缩短了江陵至潜江的水上航程，促进了江汉平原航运事业的发展。

29 /

鄂君启舟节（复制件）
Ship Pass of E Jun Qi (Duplicate)

战国楚怀王六年（公元前323年）
长31、宽7.3、厚0.7厘米
原件1961年安徽蒙城发现
安徽博物院藏

　　青铜质。形似剖开的竹片，中间有一竹节将舟节分为上长下短的两段。器面镂刻八条阴文直线，作为铭文的直格界栏，其上满饰错金篆书铭文164字。鄂君启节共发现舟节两件、车节三件，自铭"金节"，是楚怀王颁发给其子鄂君启运输货物的免税通行凭证。舟节用于水路运输，节上铭文规定鄂君使用船只的限额是150艘。自鄂（今湖北鄂城一带）出发，一年往返一次。水路的范围涉及汉水、长江、湘江、资水、沅水、澧水等。鄂君启舟节是战国时期楚国水运繁荣和长江中下游商业性航运兴盛的有利物证。

　　楚国地处长江中游，是四方文化融汇之地。在吸收中原文化以及长江上游巴蜀文化、下游吴越文化等各地文化的基础上，楚人发展出独具一格、高度发达的楚文化，随着楚国的西渐、东进，其与各地文化进一步交融。楚地墓葬中精美奇特的青铜器，彰显了崇巫祀神的浪漫楚风。大量蜻蜓眼琉璃珠的发现，更昭示出楚地与域外的密切交流。

30 /

铜马
Bronze Horse

战国中晚期
高 24.8、长 37、宽 10 厘米
2022 年湖北枣阳九连墩 2 号墓出土
湖北省博物馆藏

　　马呈站姿。形体健硕，竖耳，头自然前伸，身体略前倾，短腿，前腿直立，后腿前绷，尾略后摆。身披甲胄，髹漆痕迹清晰可见。其短粗硕壮的体形体现出楚地战马的特点。

　　马在古代被称为"六畜之首"，是军事、交通的主要动力。战国中期楚国的军事实力在诸侯国中首屈一指，号称"带甲百万，车千乘，骑万匹"，当时的战车多为四马驾一车。

31 /

立鸟盖悬铃铜罍

Bronze *Lei* Container with a Bell and a Standing-bird-shaped Cover

西周早期
通高 52.8、口径 17、腹径 24.7、连耳宽 33.1、底径 18.7 厘米
2011 年湖北随州曾都区叶家山墓地 27 号墓出土
随州市博物馆藏

由盖和身两部分组成。盖隆起似半球形，顶中心立一展翅欲飞的鸮鸟。器身直口，方唇，高束颈，斜鼓腹，圈足。以盖顶鸮鸟的前后左右为基准，对应器身四面正中各有一道竖扉棱，扉棱分盖面、肩腹和圈足三段。盖面四道扉棱之间构成两组内卷角兽面纹。颈部饰两周凸弦纹。肩腹两侧圆雕兽首半环形耳，肩腹前后部各饰一组内卷角兽面纹，每组以圆雕兽首和扉棱居中。腹下后侧的扉棱下竖置半环状兽耳鋬。圈足上方的扉棱间饰两组双体龙首纹。主纹饰之间以云雷纹衬地。器底中心悬扁体铃，铃内悬挂舌状小片。此器工艺高超，扉棱宽扁夸张，极具装饰性。与之风格相近的青铜罍在四川彭州竹瓦街窖藏也有出土。

曾国的始祖是周初贵族南公。曾国是西周早期周王分封到南方的重要封国，叶家山墓地正是这一时期的曾侯墓地。

立鸟盖悬铃铜罍

曾侯乙墓

　　曾侯乙墓于 1978 年在湖北随县（今随州市）擂鼓墩发现，是 20 世纪中国最重要的考古发现之一。曾侯乙墓是迄今为止我国出土青铜器数量最多的战国墓葬，墓主为战国初期曾国国君乙。曾、楚两国关系密切，文化亦相互交融。曾侯乙墓中的青铜礼器使用了浑铸、分铸、锡焊、铜焊、镶嵌、铆接、失蜡等工艺，代表了当时长江中游楚地不亚于中原地区的青铜冶铸技术。

32 /

曾侯乙之走戈
Dagger-axe of Marquis Yi of Zeng

战国早期
通长 21.5、援长 14、胡长 10.2、内长 7.5 厘米
1978 年湖北随州擂鼓墩 1 号墓（曾侯乙墓）出土
随州市博物馆藏

　　援较短，中有脊，尖端呈三角形，上有一穿，胡部设三穿，内部呈长方形，设一横穿。自援至胡铸铭文"曾侯乙之走戈"六字，直接证明了墓主人的身份。

　　"走戈"目前仅见于曾侯乙墓，有学者认为，所谓"走戈"就是专门为死者从阳界返赴阴界而作的明器戈。

33 /

蔡侯铜镈钟
Bronze Bo Bell of Marquis Cai

春秋（公元前 770 ～前 476 年）
通高 31、舞修 16、铣间 19.3 厘米
1955 年安徽寿县蔡侯墓出土
安徽博物院藏

　　合瓦形。平口，镂空扁平纽。钲
部饰 6 排 18 个短圆枚，舞、篆、鼓部
皆饰蟠螭纹。钲部中央与鼓部两侧铸
有铭文记 12 行 82 字，自铭为"訶钟"。

　　此镈钟出土时共 8 件，大小相
次，为蔡侯日常所用。蔡国，姬姓，
周初武王弟叔度封国，于公元前 447
年为楚国所灭，融入楚文化之中。

器身铭文：

　　惟正五月初吉孟庚，蔡侯□
曰：余唯末少子，余非敢宁忘，有
虔不易，(左)右楚王，崔崔豫政，
天命是(将)，定均庶邦，休有成
庆。既志于忌，乍中乎(德)，均子
大夫，建我邦国，豫命(祗祗)，不
(愆)不(忒)。自乍訶钟，元鸣无
(期)，子孙鼓之。

34 /

鎏金虎纹铜剑
Gold Gilded Bronze Sword with Tiger Pattern

战国（公元前 475 ~ 前 221 年）
长 39.1、宽 3.8 厘米
1954 年重庆冬笋坝巴人遗址出土
重庆中国三峡博物馆藏

　　剑身呈柳叶形，扁茎，无格，有二穿，表面鎏
金，剑脊处刻有虎纹。柳叶剑是巴人常备武器，很
多剑上装饰有虎纹、手心纹等巴文化典型元素。

　　长江上游、四川盆地东部的巴国在春秋战国时
与古蜀交流融合，形成了真正意义上的巴蜀文化，
与楚地江水相连，一苇可航。巴蜀与楚国有战有
和，在长江流域爆发过多次水战，最终为秦所灭。
秦"得蜀则得楚，楚亡则天下并"，最终完成统一
大业。

35 /

错金银犀牛铜带钩
Gold-and-silver-inlaid Bronze Belt Hook in Rhino Shape

战国（公元前 475 ~ 前 221 年）
长 23.5、宽 9.4 厘米
1954 年四川昭化宝轮院巴蜀船棺葬出土
重庆中国三峡博物馆藏

　　带钩为巴人制品，作一犀牛侧面之形。犀牛体形健硕，鼻向前直伸成钩，钩端作兽头形。角长且向上弯曲，耳上翘，犀背起伏，尾下垂，造型异常优美。通体采用错金银装饰手法，并以卷草纹表现犀牛皮肤的褶皱，纹样细致精美。

　　巴人习惯于乘船在水上渔猎，有着以独木舟做船棺而葬的独特风俗，后亦从事农业生产。因长期与楚接壤，巴文化受楚文化影响甚深。此器在雕刻上采用了战国时流行的平面线刻手法，极富装饰美感。

36 /

越式铜鼎
Yue-style Bronze *Ding* Tripod

战国（公元前 475～前 221 年）
通高 19.6、口径 19.3 厘米
2003 年湖南宁乡黄材镇栗山村出土
长沙市博物馆藏

宽斜折沿，圆唇，立耳，圆鼓腹，圜底，上粗下细简化蹄形足。器身素面无纹。此鼎形制与楚式铜鼎不同，考古学界认为其为古代越人的铜鼎。

37 /

三十眼琉璃珠
Thirty-eye Glass Bead

战国（公元前 475 ~ 前 221 年）
高 2、直径 1.2、孔径 0.7 厘米
1990 年湖南长沙浏城桥 2 号墓出土
长沙市博物馆藏

通体呈绿色。为圆管形珠，中间有穿孔可供佩戴。器表凸出 30 个半球形颗粒，颗粒底部饰白色圆圈纹，状似蜻蜓眼。该珠形体硕大，在同时期的琉璃珠中十分罕见。经激光检测分析，琉璃珠含钠钙成分，不含铅，与同时期的国产琉璃不同，应是通过贸易由西亚传入的产品，见证了长江中游与域外的交流。

蜻蜓眼琉璃珠最早发现于埃及，后由活跃于西亚的游牧民族经丝绸之路传入中国。我国发现较早的蜻蜓眼属春秋末、战国初期，已知的蜻蜓眼主要是楚人遗物，集中发现于湖南、湖北等地，数量达几百颗。

（二）｜吴越春秋

　　长江中游楚文化兴起的同时，下游的吴越文化与之分庭抗礼。吴国与越国濒长江，通大海，是河网纵横的水乡泽国，"不能一日而废舟楫之用"。两国互相征伐，先后称霸。吴越青铜器中的刀光剑影，反映出长于舟楫且尚兵武的吴越先民面貌。

　　公元前486年，吴王夫差开掘邗沟，以纵向的人工运河将横向的长江与淮河连通，克服了南北不能通舟的局限，促进了长江下游南北之间的交流，也为以后南北大运河的贯通开了先河。

38 /

大翼战船（模型）
Large Wing Warship (Model)

现代
高 51、长 143、宽 37 厘米
中国航海博物馆藏

"伍子胥水战法,大翼一艘,广丈六尺,长十二丈,容战士二十六人,櫂五十人,舳舰三人,操长钩矛斧者四吏,仆射长各一人,凡九十一人,当用长钩矛长斧各四,弩各三十四矢,三千三百甲兜鍪各三十二。"

——《越绝书》

大翼战船是中国最早出现的战船之一,船体修长,用人力划桨推进。随着楚吴之间战争的进行,吴国也将本国的航运大规模应用于战争,并大力建造战船。伍子胥奔吴后,为吴国带去楚地的造船技术,使吴国成为水运和造船的大国。根据用途的不同,吴国所造战船有馀皇、大翼、中翼、小翼等不同形制。

39 /

吴王夫差剑
Bronze Sword of Fu Chai, King of State Wu

春秋晚期
长 58.3、身宽 5、格宽 5.5 厘米
苏州博物馆藏

　　宽格有箍剑。剑身宽长，线条流畅，在靠近剑锋处收狭明显。双刃呈弧形，中起线，两从斜弧，剑从收分自然。剑格呈宽厚格状，作倒 "凹" 字形，其上深铸兽面纹，并镶嵌以绿松石，有少量已脱落。剑茎为圆茎，茎上有两道凸箍，箍上有极细的凹槽，凹槽内亦留存少量绿松石。剑首为圆盘形，铸八周精致峻深的同心圆凸棱作为装饰。剑身近格处铸铭文两行十字 "攻敔（吴）王夫差 自乍（作）其元用"，明确了这把剑为吴王夫差所有。此剑通体保存完好无缺，表面有一层蓝色薄锈，刃锋极其锋利，时隔2500年依然寒光逼人，是目前已知的吴王夫差剑中保存最完好的。

　　吴、越两国尚武轻死，青铜兵器数量丰富，质地优良，是吴越争霸会盟的真实写照。

40 /

越王者旨於睗剑

Bronze Sword of Lu Ying, King of State Yue

战国（公元前 475 ~ 前 221 年）
长 65、身宽 4.6、格宽 5 厘米
1986 年湖北荆州雨台乡官坪村 9 号墓出土
荆州博物馆藏

　　剑体宽阔，中脊起线，双刃呈弧形，刃锋犀
利，近锋处收狭。同心圆首，双箍圆茎，茎上残存
丝质缠缑。宽格镶绿松石，两面均有错金鸟篆铭
文，正面为"戉（越）王戉（越）王"，反面为"者
旨於睗"，者旨於睗即越王鹿郢。据《竹书纪年》
记载，鹿郢是越王勾践之子，公元前 464 ~ 前 459
年在位。此剑发现于楚地，可能为战争、礼聘往来
等原因。

41 /

越王不光玉矛
Jade Dagger-axe of Bu Guang, King of State Yue

战国（公元前 475 ~ 前 221 年）
长 23.2、宽 4.8 厘米
1997 年浙江绍兴皋埠镇上蒋村凤凰山木椁墓出土
绍兴市柯桥区博物馆藏

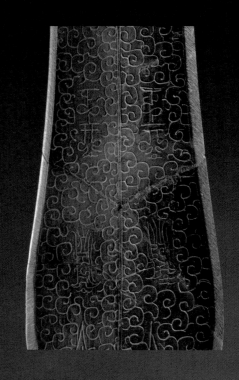

呈灰褐色。宽体狭刃，中脊起线，尖锋，骹口呈凹弧形，正面有鼻纽。通体刻云纹，骹与体相接处刻三角折线纹。其中一面勾连云纹间竖刻鸟篆书铭文六字，矛身叶部左右均刻"戉（越）王"，近本部左右铭"不光"。越王不光即越王翳，据《史记·越王勾践世家》记载，他是继勾践之后的第四代越王，公元前 411 ~ 前 376 年在位。在他统治前期，越国国势尚强，后期渐衰。

42 /

带鞘铜剑
Bronze Sword with Sheath

战国（公元前 475 ~ 前 221 年）
剑残长 50.3、鞘长 40 厘米
1997 年浙江绍兴皋埠镇上蒋村凤凰山木椁墓出土
绍兴市柯桥区博物馆藏

　　斜宽从，狭前锷，厚格，圆茎，有箍，剑首已
缺，剑茎上缠绕的丝绳保存尚好。附属的漆剑鞘乌
黑光亮如新。

43 /

铜钲
Bronze *Zheng* Percussion Instrument

春秋（公元前 770 ~ 前 476 年）
通高 20.8、舞修 10.7、铣间 13 厘米
上海市青浦区博物馆藏

  合瓦形。器体狭长，长扁形柄，平舞，靠近舞部处有一段稍厚的加固圈，于口弧曲，两铣角下垂，内腔有一凸棱。近舞部处装饰三角形几何纹及云雷纹。

  钲也称"句鑃"，为春秋战国时期吴越地区特有的乐器，大小相次成组。钲在祭祀、宴飨或战争时演奏，常配合鼓、铎、镈于等乐器在战争中指挥军队，使用时执柄口朝上，敲击器身两面。"闻鼓而进，闻金而退"，鼓声是进击的号令，钲声则是止战的信号。

44 /

铜鸠杖
Staff with Turtledove-shaped Handle

春秋（公元前 770～前 476 年）
杖首长 26.7、銎径 3.7 厘米，杖镦长 30.6、銎径 3.6 厘米
1990 年浙江绍兴漓渚镇中庄村坝头山出土
绍兴市柯桥区博物馆藏

　　由杖首、杖身和杖镦三部分组成，木质杖身出土时已朽。杖首与杖镦皆中空，原分别套于杖身的上下两端。杖首顶端栖一鸠鸟，短喙翘尾，展翅欲飞，通身饰羽纹，此器因此而称为"鸠杖"。这种崇鸠风尚源于越国对鸟图腾的崇拜。杖镦的底端跪坐一人像，头上蓄发至额前和耳部，脑后一椎髻，横穿一簪，身上饰几何纹、蝉纹等，腰系一带，生动再现了"断发文身"的古越人形象。

　　鸠自西周始便是尚齿敬老的象征物，汉代时鸠杖更是授予老者的"尊老杖"。早于汉代的春秋鸠杖是否有尊老的含义尚无定论，但可以肯定的是，它是一种身份地位的象征。

印山越王陵

印山越王陵位于浙江绍兴，作为已正式发掘并被确认的第一座越王陵，是越文化考古的重大发现。结合考古发现和文献记载推测，墓主应为越王勾践之父允常。王陵规模宏大，但因被盗，仅出土文物 40 余件。

45 /

龙首形玉部件
Dragon-head-shaped Jade Component

春秋末期
长 12.3、宽 7、厚 2 厘米
1997 年浙江绍兴兰亭镇里木栅村印山越王陵出土
绍兴市柯桥区博物馆藏

呈弯钩状。钩端呈龙首形，龙嘴微启，两侧饰卷云纹。钩身作弧形，边缘刻划短斜线羽状纹，下端饰云雷纹。色乳白间隔青灰，玉质松软，细腻光滑。

46 /

鱼篓形印纹硬陶罐
Fish-basket-shaped Hard Pottery Pot with Stamping Pattern

战国（公元前 475 ～前 221 年）
高 20、口径 11.2、底径 17.2 厘米
1987 年浙江绍兴陶堰镇张岙村出土
绍兴市柯桥区博物馆藏

呈灰褐色。直口，内斜唇，口沿至底部呈喇叭状放大，平底。上腹对称置半环形系一对。外壁印席纹不及底。

印纹硬陶是质地坚硬、表面拍印几何形图案的陶器，主要盛行于商周时期东南沿海的百越地区，尤以太湖和宁镇为中心的吴越地区最为发达，是中国陶瓷发展史上不可或缺的重要一环。此器造型奇特，状若鱼篓，为绍兴出土同时期印纹硬陶中所罕见。

47 /

原始瓷兽面鼎
Primitive Porcelain *Ding* Tripod with Beast Face Ornament

战国（公元前 475 ~ 前 221 年）
通高 14.6、口径 13.2 厘米
2002 年浙江绍兴漓渚镇小步村瓦窑山出土
绍兴市柯桥区博物馆藏

　　此器仿青铜鼎形制，形体比实用器小。折沿、对置曲折形双耳，弧腹，腹壁饰短斜线羽状纹和云雷纹，底附三兽蹄形足。口沿一端塑一兽首，额上有火焰形冠状物横立，眼睛向外鼓出，面目狰狞。另一端置一走兽，头露口沿，张嘴卷尾，似欲食鼎中之物。釉色青黄，光亮润泽，堪称原始瓷中之珍品。

　　原始瓷是陶器发展到高级阶段的产物，因其与成熟瓷器尚存一定差距，故称为"原始瓷"。太湖地区和宁镇地区的商周时期土墩墓中出土原始瓷数量极多，且都与印纹硬陶同出，成为吴越最具代表性的文化因素。

48 /

原始瓷壶
Primitive Porcelain Kettle

战国（公元前 475 ～前 221 年）
高 35.5、口径 9.5、底径 14.3 厘米
2002 年浙江绍兴漓渚镇小步村瓦窑山出土
绍兴市柯桥区博物馆藏

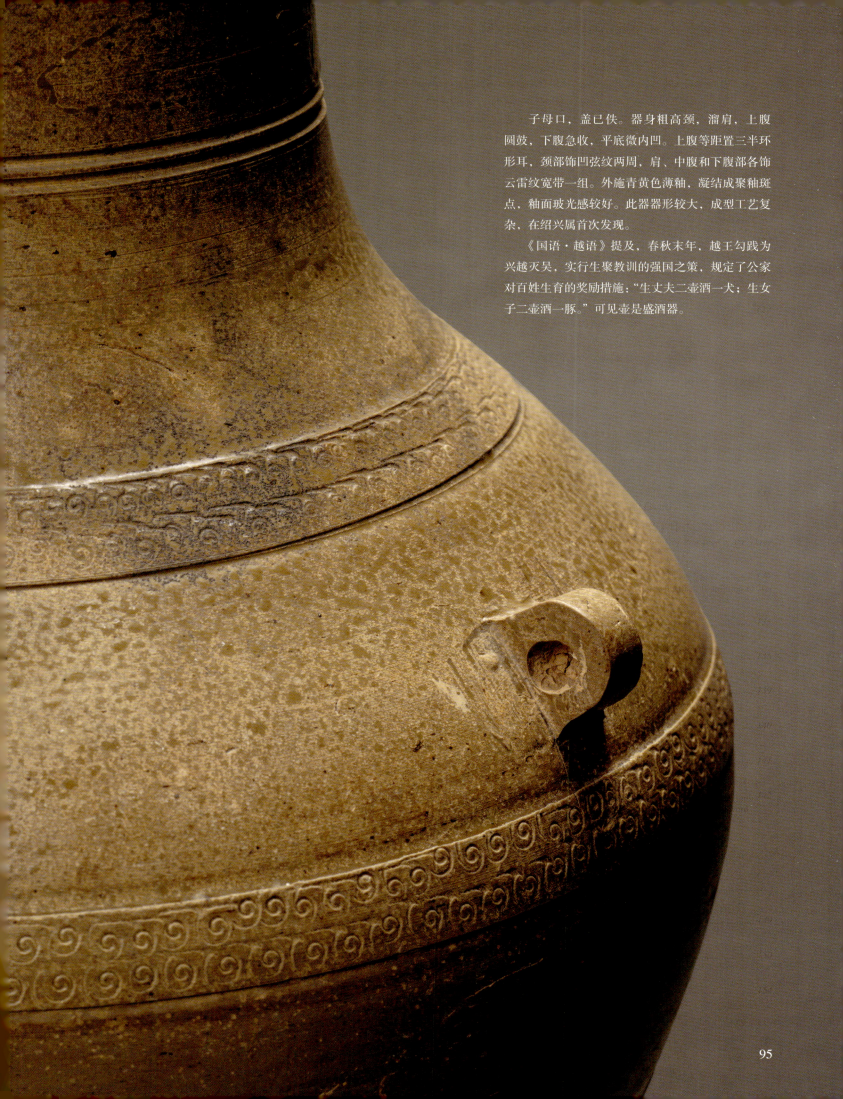

子母口，盖已佚。器身粗高颈，溜肩，上腹圆鼓，下腹急收，平底微内凹。上腹等距置三半环形耳，颈部饰凹弦纹两周，肩、中腹和下腹部各饰云雷纹宽带一组。外施青黄色薄釉，凝结成聚釉斑点，釉面玻光感较好。此器器形较大，成型工艺复杂，在绍兴属首次发现。

《国语·越语》提及，春秋末年，越王勾践为兴越灭吴，实行生聚教训的强国之策，规定了公家对百姓生育的奖励措施："生丈夫二壶酒一犬；生女子二壶酒一豚。"可见壶是盛酒器。

（三）｜ 古滇寻踪

除了巴和蜀，长江上游还有分布在滇北、黔北、川西的少数民族。战国时楚国将军庄蹻顺江来到滇池，建立滇国，云贵的水上交通从此发轫，沟通了西南地区与长江中游。云南出土的充满个性的古滇青铜器，展现了长江上游亚洲十字路口上的特色青铜文化。

滇人青铜器数量众多，品种丰富，多用于宗教祭祀和战争，但在滇人细腻生动、自然写实风格的青铜器上也保留了大量生产生活的细节。其中贮贝器和扣饰在世界其他地区都没有发现过，是滇国最具特色的器物。

49 /

广南羽人船纹铜鼓
Guangnan Bronze Drum with Patterns of Boats and Feathered Men

西汉（公元前 206 ～公元 25 年）
高 46、面径 68.5、底径 84 厘米
1919 年云南文山壮族苗族自治州广南黑支果阿章村出土
云南省博物馆藏

鼓面宽大，胸部呈半弧形外凸，超过鼓面，腰部收束，两侧各有一对半环扁耳，足部外侈。鼓面中心饰12芒太阳纹，周围以单线划分14道晕圈，圈内饰以点纹、勾连雷纹、锯齿纹。鼓胸雕刻四组船纹，船身狭长呈弧形，首尾以鸥鸟头尾为饰，反映了当时云南地区的造船技术。船上有巫师、划桨者、掌舵者等众多人物，部分头戴羽冠。腰部纵分成14格，格中有羽人对舞和剽牛等图案。整器纹饰记录了一场声势浩大的祭祀活动。此鼓造型端庄，铸造精细，纹饰华美，光泽闪亮如新，极具地方特色，是石寨山型铜鼓的代表之作。

长江上游出土战国秦汉时期青铜器上的船纹

纹饰局部	文物名称	出土地
	战国虎纽錞于	重庆涪陵小田溪墓地
	战国水陆攻战纹铜壶	四川成都百花潭中学
	战国水陆攻战纹铜豆	四川达州罗家坝遗址
	战国五牛盖铜提筒	云南呈贡天子庙滇墓
	西汉广南羽人船纹铜鼓	云南文山壮族苗族自治州广南县

江川李家山滇墓

　　李家山滇墓位于云南玉溪，发现了战国至东汉初期的滇国墓葬群，是古滇国文化形成和发展的重要区域，出土牛虎铜案等 4000 余件滇文化青铜器。

50 /

立牛铜伞盖
Bronze Canopy with a Standing-ox-shaped Ornament

战国（公元前 475 ~ 前 221 年）
通高 14、通长 40、盖径 33.5 厘米
1972 年云南江川李家山 18 号墓出土
云南省博物馆藏

整体呈覆锅状，顶面饰平行线纹，周沿饰网格纹，伞顶铸一立牛。伞盖内侧有十多个小圆环，以供穿系用，装柄处有两个纵排的半环纽。

李家山墓地共出土七件伞盖，形制相同，大小有异，出土时下面大多压有头骨残片或牙齿，推测埋葬时应放于木棺头端或撑于死者头部。牛是财富和生命的象征，在滇国青铜器中反复出现。

51 /

鱼形铜杖头
Fish-shaped Bronze Handle

战国（公元前 475 ～前 221 年）
通高 25、鱼长 17、銎径 3 厘米
云南江川李家山滇墓出土
云南省博物馆藏

　　器身顶部为鱼形，头部尖长，尾分两叉，半圆
形的鱼鳞清晰可见。鱼身与銎部呈 "T" 字形，銎部
焊铸一巫师形象的立体人物站在铜鼓上。
　　权杖是象征权力的用具，在古滇文化的很多大
型墓葬中都有鱼形杖头，鱼与真鱼大小类似。

晋宁石寨山滇墓

目前已发现的滇文化青铜器主要是墓葬出土，其中最著名的为石寨山滇王族墓地，位于云南昆明，在不到 2 万平方米的范围内发现了众多墓葬和出土文物，生动展现了 2000 多年前滇国及其周围的文化面貌。其中 6 号墓因出土"滇王之印"，被认为是一代滇王之墓。

52

吊人铜矛
Bronze Spear with an Ornament of Two Dangling People

西汉（公元前 206 ～公元 25 年）
长 41.5、宽 6.5、厚 3 厘米
1956 年云南昆明晋宁石寨山 6 号墓出土
云南省博物馆藏

　　此矛为仪仗兵器，矛刃尖锐，正面呈三角形，下端有圆形骹，用以安装木柄。刃部底端两侧有穿孔，各吊一裸体男子，双手反缚，头颈低落，其发下垂，弯腰屈足，呈痛苦垂死之状。两男子辫发散乱，辫发特征似古代"昆明人"。此器制作精细，构思独特，弥漫着悲怆与血腥的气氛，侧面反映了古代滇人的战争状况。

　　滇国考古出土的青铜器十之八九是兵器，数量超过1万件，铸造精美，装饰华丽，是滇文化的代表性器物。

53 /

八人猎虎铜扣饰
Bronze Button Ornament with a Scene of Eight People Hunting a Tiger

西汉（公元前 206 ~ 公元 25 年）
长 13、宽 11.5、厚 2 厘米
1956 年云南昆明晋宁石寨山 17 号墓出土
云南省博物馆藏

整体近似长方形，刻画了八名盛装男子带着猎犬猎杀猛虎的场景。其中六人一字排开，或站或半蹲，手持长矛刺向老虎，虎头、虎背和虎腿均被矛刺入。两人被虎按在身下，其中一人挣扎着用剑刺入虎颈。两猎犬在人群缝隙中咬住虎背。八位猎虎者服饰、发型相同，梳高发髻，佩戴耳玦，穿对襟衣，装束华丽。

扣饰是滇文化中富有特色的一类器物，以其背面的矩形扣而得名，往往铸造精细，内容丰富，具有较高的艺术价值。

54

动物搏斗场面铜贮贝器
Shell-container with an Ornament of Fighting Animals

西汉（公元前206～公元25年）
通高42、盖径21.5厘米
1996年云南昆明晋宁石寨山71号墓出土
云南省博物馆藏

呈束腰圆筒形。器盖上铸两牛一虎搏斗场面，虎居中作嘶吼状，两侧各有一牛，均作搏斗状，虎一条后腿被一牛的角挑穿。器盖中心有一树，上有两猴两鸟，两猴相背蹲在树枝上，尾相缠绕，两鸟作惊恐之状，振翅欲飞，巧妙渲染出虎牛搏斗的紧张气氛。腰部铸左右对称的两虎形耳。平底，底有四只片状兽足支撑。器身局部饰阴刻勾连螺旋纹。

贮贝器因出土时器内贮满了贝壳而得名，主要有铜鼓形、束腰筒形和盒形三种，是石寨山文化的典型器物之一。部分贮贝器器盖上铸造了战争、祭祀、纳贡、狩猎、春耕等古滇国生产、生活相关的场面，内容丰富，形态鲜活，是了解和研究古滇国文化的重要历史资料。

55 /

环纹货贝
Shell Money

西汉（公元前 206 ～公元 25 年）
长 1.7、宽 1.2 厘米
云南昆明晋宁石寨山滇墓出土
云南省博物馆藏

　　20 件。呈椭圆形，背面中部隆起，有黄褐色圈纹。滇国发现的环纹货贝超过 20 万枚，数量之大，为全国之最，出土时常置于贮贝器中。这些货贝原产于太平洋和印度洋，应为东南亚和南亚的输入品。

56 /

蚀花珠琥珀珠红玛瑙珠串

Necklace of Etched Carnelian Beads, Amber Beads and
Red Agate Beads

西汉（公元前 206 ～公元 25 年）
通长约 80 厘米
云南昆明晋宁石寨山滇墓出土
云南省博物馆藏

　　由 49 枚珠子串成，珠子多为管形，两端截平，
肉红色，光泽甚佳。其中有蚀花珠一颗，表面饰五
道白色弦纹。弦纹并非天然形成，而是以碱性颜料
在珠体表面人工绘制，受热后经化学腐蚀而成，即
蚀花工艺。此工艺最早出现在巴基斯坦等地区。

　　滇国墓地中发现了许多具有异域元素的珍贵
器物，为我们揭开 2000 多年前滇国对外交往的神
秘一角。当时西南地区已通过南方丝绸之路沟通南
亚、印度洋一带，滇国出土的海贝、琉璃珠、孔雀
石、玛瑙、琥珀饰等应是沿此通道传入。

二

大江通衢

　　秦王扫六合，天下归一统，异彩纷呈的长江流域各文化最终融入华夏主体文明之中。在秦汉大统一时代，长江流域相对稳定，经济与文化快速发展，干支流航运终于冲破了地域的囿限，随着国家的统一而全面开发贯通。长江航运进入新的历史时期，区域交流与域外交往也越发频繁。

57 /

带盖铜鍪
Bronze *Mou* Pot with Cover

战国（公元前 475 ～前 221 年）
通高 13.4、口径 8.9、腹径 11.9 厘米
1964 年四川成都百花潭中学 10 号墓出土
四川博物院藏

此鍪带盖，敞口，束颈，鼓腹，圜底。盖上置扣形圆纽，纽旁阴刻一蜘蛛状纹，近盖边沿饰一周回纹与联珠纹组成的图案，并间刻一组巴蜀符号。肩上有辫索纹环形单耳，以小环扣与盖连在一起。

鍪为炊具，是巴蜀文化中最具地域特色的器物之一。秦灭巴蜀之后，铜鍪被吸收为秦文化的有机组成部分向各地扩散，其传播过程是巴蜀文化逐渐融入华夏文明的侧影。

58 /

蜀郡铁锸
Iron Plow of Shu County

汉（公元前 206 ~ 220 年）
长 11.5、宽 11、厚 2.5 厘米
四川博物院藏

平面呈"凹"字形，长方形銎，銎口中空以装木柄，銎至刃部渐窄。正面两边铸篆体铭文"蜀郡"，中间合文篆书"千万"。背面较平，素面。此器铸有"蜀郡"铭文，是蜀地官营作坊的产品。

秦汉时，蜀郡冶铁发达。在南方丝绸之路上，蜀地的铁器、蜀锦、蜀布、枸酱、竹杖等远销中国云南、广西及大夏（今阿富汗）、掸国（今缅甸）等地。海外的海贝、象牙、琉璃等也来到蜀地，使蜀郡早在汉代就成为开放的国际性都市。

59 /

制盐画像砖
Pictorial Carved Brick of Salt Production

东汉（公元 25 ~ 220 年）
长 46.6、宽 36.6、厚 5 厘米
四川邛崃花牌坊出土
四川博物院藏

　　长方形，右下角残损。画面生动再现了东汉时期成都平原先民采卤煮盐的场景：在起伏的山峦间，左下角有一盐井，井上竖架，四人成对站于架上，引绳提取盐卤，有笕槽将盐卤引入右下角的锅内，三人在灶旁操作，山间另有五人在背柴和狩猎，生活气息浓厚。

　　四川多产井盐，盐井分布广泛。西汉时期，盐井数量大幅度增加，盐业的繁荣一直延续至三国时期。四川的井盐不仅自我供给，还沿长江输送各地，是四川与外地贸易往来最早的商品之一，极大地促进了当时四川地区的经济发展。

60 /

盐场画像砖
Pictorial Carved Brick of Saltworks

东汉（公元 25 ～ 220 年）
长 47.8、宽 42.9、厚 6 厘米
1954 年四川成都羊子山 10 号墓出土
重庆中国三峡博物馆藏

　　近方形，画面内容与制盐画像砖相近，亦反映
汉代巴蜀地区井盐生产的繁忙景象。

云梦睡虎地秦墓

云梦睡虎地秦墓位于湖北云梦，出土 560 余件保存完好的漆器，品种繁多，纹饰精美，设色富丽而庄重，充分展现了 2000 多年前长江流域漆器工艺的惊人成就。墓中出土的器形与器物组合有别于其他楚墓出土器物，具有明显的秦文化特征。

61 /

彩绘牛马鸟纹漆扁壶
Flat Lacquer Kettle Decorated with Colored Ox, Horse
and Bird Pattern

秦（公元前 221 ～前 207 年）
高 22.8、腹宽 24.2、厚 7.8 厘米
1978 年湖北云梦睡虎地 44 号墓出土
湖北省博物馆藏

木胎，挖制。圆口无盖，扁腹，长方形圈足。通体髹黑漆，用红、褐漆于扁壶的一面绘雄壮有力的犀牛，另一面绘并肩前进的奔马和飞鸟。扁壶的两侧面绘变形凤鸟纹。造型生动，惟妙惟肖，保存完好，漆色如新。

62 /

彩绘猪鸟鱼纹漆扁壶

Flat Lacquer Kettle Decorated with Colored Pig, Bird
and Fish Pattern

秦（公元前 221 ～前 207 年）
高 22.4、腹宽 24、厚 7 厘米
1999 年湖北云梦老虎墩 12 号墓出土
湖北省博物馆藏

　　木胎，挖制，保存完好。圆口无盖，扁腹，长
方形圈足。通体髹黑漆，腹部一面绘前行的猪和飞
鸟，另一面绘鱼纹。

马王堆汉墓

马王堆汉墓位于湖南长沙，是湖南地区迄今保存最为完整的汉代王侯墓群。墓葬规模宏大，出土了精美的织绣、漆木器、帛书等丰富的随葬器物，绝大多数保存完好，展现出汉代长江流域在纺织技术、漆器工艺、科学文化等多方面的重大成就。

63 /

云纹漆鼎
Lacquer *Ding* Tripod with Cloud Pattern

西汉（公元前 206 ～公元 25 年）
通高 26.5、口径 22、腹径 26 厘米
1972 年湖南长沙马王堆 1 号汉墓出土
湖南博物院藏

器盖与器身以子母口扣合。盖为球面形，上有三个橙色的环形纽。器身呈椭圆球形，双耳平直，向内微凹，鼓腹，底略呈圆形，三足为兽蹄形。鼎的表面髹黑漆，鼎内髹红漆。通体以朱、灰绿二色漆绘云纹、涡纹、鸟纹、几何纹等纹饰，图案灵动飘逸。

马王堆汉墓出土的漆器数量众多，做工精致，纹饰华丽，光泽如新，可见汉初长江流域漆器制造业之发达。

64 /

"君幸食"狸猫纹漆盘
Lacquer Plate with Inscription *Jun Xing Shi* and Pattern of Cats

西汉（公元前 206～公元 25 年）
高 5.6、口径 27.8、底径 15 厘米
1972 年湖南长沙马王堆 1 号汉墓出土
湖南博物院藏

旋木胎。敞口，宽沿，浅弧腹，平底。通体
髹黑漆。盘内绘狸猫纹、卷云纹，猫用红漆单线勾
勒，内涂灰绿色漆，朱绘耳、须、口、眼、爪、牙
和柔毛。画面特别突出了猫大睁的双眼和长尾巴，
形象颇为生动。盘心朱书"君幸食"，外底书"九
升"。在食盘上绘制狸猫纹，反映了当时人们希望
长寿、安康的美好愿望。

　　海昏侯墓位于江西南昌，为西汉海昏侯刘贺之墓，迄今已出土 1 万余件（套）文物。墓中随葬大量黄金。据《汉书·地理志》记载，汉朝人经海上丝绸之路前往海外的贸易，主要就是用黄金和丝绸作为硬通货，与海外诸国交换"明珠、璧流离、奇石异物"，黄金因此大量流通。

65 /

饼形金
Pie-shaped Gold

西汉（公元前 206～公元 25 年）

直径约 6.3 厘米

2015 年江西南昌海昏侯刘贺墓出土

江西省博物馆藏

　　两件。呈圆形饼状，边凸中凹。由于汉代时饼形金多采用滴铸工艺，而金的物理特性又偏软，故而中间很容易塌陷凹下，并产生裂纹。

　　海昏侯墓共出土饼形金 385 枚，纯度在 99% 以上。这种饼形金在当时主要用于贮藏、赏赐馈赠、进贡、赎罪等。

裹蹏金
Niao Ti (Horseshoe-shaped) Gold

西汉（公元前 206 ~ 公元 25 年）
直径约 8 厘米
2015 年江西南昌海昏侯刘贺墓出土
江西省博物馆藏

三件。通体抛光。中空、斜壁，前壁高后壁低。采用花丝镶嵌等细金工艺精制，上口沿外部周缘饰以滚珠、丝线等组成的多层掐丝金花纹带，下部刻有数周横向弦纹。底面近圆形，刻有一角内收的弧线纹，中间分别为"上""中""下"铭文。裹蹏金为仿天马之足所铸，状如马蹄，俗称"马蹄金"，多用于赏赐诸侯王。

西汉视黄金为上币，除继续使用并仿铸前朝饼形金、金钣外，还新铸裹蹏金、麟趾金。海昏侯刘贺墓出土各类黄金器物合计 115 千克，是迄今中国汉墓考古发现黄金数量最多的一次。

三
以江为襟

  汉末以后，中国长期以长江为界南北分裂，隔江对峙，江中舟师水战极为频繁。不过，得益于各政权的大力开发与中原人口的不断南迁，长江流域仍蓬勃发展。三国时，孙吴雄踞江东，与上游的蜀汉共同阻遏曹魏的南进，在鼎足之势中保持了长江流域的相对稳定。长江各流域商贸交往频繁，对外贸易也日渐发展，与东南亚诸国及日本等地建立了贸易与文化往来。

67 /

斗舰（模型）
Battleship (Model)

现代
高 140、长 200、宽 48 厘米
中国航海博物馆藏

斗舰是东汉末年及三国时期长江中下游使用的一种中型战舰，装备精良，船上建有女墙等多层木板防护设施，墙下开凿棹孔用于插桨，墙上有供射箭用的垛，攻击性和防御性兼顾，成为当时最具代表性的船型。

东汉建安十三年（208 年），曹操率军南下，驻扎在乌林（今属湖北洪湖市，长江北岸），与位于赤壁（今湖北赤壁市西北，长江南岸）的孙权、刘备联军隔江对峙。孙军利用斗舰十艘，以火攻大败曹军，在长江流域进行了中国历史上最著名的水战——赤壁之战，奠定了之后三国鼎立的格局。

68 /

铜箭镞
Bronze Arrowhead

汉（公元前 206 ～ 220 年）
左：长 4.6、宽 1.2、厚 0.7 厘米
右：长 6.4、宽 2.3、厚 0.7 厘米
成都武侯祠博物馆藏

　　两件。左为三棱镞，断面呈三角形，梃部为柱形。右为两翼镞，锋部尖利，镞脊隆起，两翼狭长，梃部细长。

69 /

三翼铜箭镞
Three-winged Bronze Arrowhead

汉（公元前 206 ～ 220 年）
长 4.2、宽 2.2、厚 0.7 厘米
成都武侯祠博物馆藏

　　镞身圆脊上附有三翼，形成三刃，截面呈三角形，前锋尖锐，有后锋。梃部较短。

70 /

铜蒺藜
Bronze Cheval-de-frise

东汉末期
高约 3.5 厘米
1985 年四川成都青龙乡汉墓出土
成都博物馆藏

　　五件。状若荆棘刺，有四个锋利的尖爪，俗称"扎马钉"。多撒在战地、险径，用以刺伤敌方马匹和士卒，因在军事上有一定实用价值而被历代沿用。此物除在诸葛亮戍兵八年的勉县汉江之滨与定军山一带发现较多外，别处较少见，因此一直被誉为"武侯之物"，与诸葛亮的智慧、业绩共存。

71 /

"景耀四年" 铭文铜弩机
Bronze Crossbow Trigger with Inscription *the Fourth Year of Jingyao Reign*

三国蜀景耀四年（261 年）
长 16、最宽 12、厚 4 厘米
1964 年四川成都郫县雷家祠出土
四川博物院藏

　　由郭、钩心、望山、牙等部分组成，悬刀已缺。
上刻铭文"景耀四年二月卅日，中作部左兴业，刘纪
业，吏陈深，工杨安作十石机，重三斤十二两"，共 33
字，除了弩的重量、强度，还标注了制作部门，及监
督官员、工匠姓名。"景耀"为蜀汉后主刘禅在位的第
三个年号。

　　弩由弓发展而来，用于远程射杀，在东汉三国时
期已是战争中极为重要的武器。

72 /

惠陵砖
Brick of Hui Mausoleum of Liu Bei

三国蜀（221 ~ 263 年）
长 39、宽 26、厚 6.9 厘米
2001 年四川成都惠陵封土堆上发现
成都武侯祠博物馆藏

　　石质。整体呈梯形，残缺一角，侧面
饰有几何纹饰。

　　219 年，孙权袭取荆州，擒杀关羽。
221 年，刘备亲率大军攻打东吴，与陆逊
相持于长江西陵峡畔的夷陵，后陆逊以火
攻之计大败蜀汉军队。刘备退守白帝城后
一病不起，将诸葛亮招至永安宫向其托
孤。其遗体由诸葛亮护送，从永安上船沿
长江向西，再转岷江北上直到成都，最终
入葬惠陵。

73/

《增像全图三国志演义》印本

Print Edition of Illustrated Book of Romance of the Three Kingdoms

民国二十二年（1933 年）
每册长 20、宽 13.4、厚 0.6 厘米
成都武侯祠博物馆藏

　　15 册。纸本，线装。由上海扫叶山房印行出版，为罗贯中《三国演义》的插图本。书中配有大量精美插画，包括人物绣像以及桃园结义、赤壁之战、白帝城托孤等脍炙人口的三国故事，图文并茂，生动有趣。

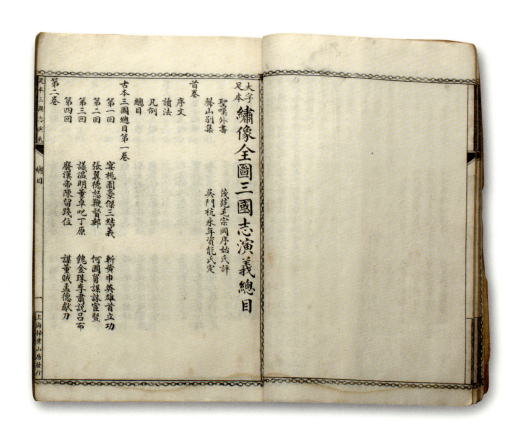

74 /

背"为""直百五铢"铜钱

Zhi Bai Wu Zhu Bronze Coin with Back Inscription of *Wei* Character

三国蜀（221～263 年）
直径 2.7、穿径 1、厚 0.25 厘米
成都武侯祠博物馆藏

　　圆形方穿，内外皆有廓，面文隶书"直百五铢"，背穿左一"为"字。

　　"直百五铢"是刘备始铸的一种虚值"大钱"，与 100 枚五铢钱的价值相当，是蜀汉时期铸造数量最多、使用范围最广、流通时间最长的货币。"为"字表示钱的铸地为益州犍为郡。犍为地处通往国外的西南要道上，经济与对外贸易较为繁盛。

75 /

"直百五铢"铜钱

Zhi Bai Wu Zhu Bronze Coin

三国蜀（221～263 年）
直径 2.7、穿径 1、厚 0.3 厘米
1984 年安徽马鞍山朱然墓出土
马鞍山市三国朱然家族墓地博物馆藏

　　圆形方穿，内外皆有廓，面文隶书"直百五铢"，背面光素。

　　蜀汉钱币发现于东吴墓葬中，反映了三国时期长江上游与中下游的密切往来。

青瓷人物俑
Celadon Figurines

三国（220～280年）
上层（从左到右）
跪坐俑：高13、长7、宽6厘米
持物俑：高12.5、长7、宽6厘米
伎乐连坐双俑：通高11.5、底座高1.5、长12、宽6厘米
伎乐连坐双俑：通高12、底座高1.2、长10.5、宽6厘米
伎乐连坐双俑：通高12、底座高1.2、长10.5、宽5.5厘米
擀面俑：通高10.5、底座高1、长8、宽6.5厘米
杵臼俑：通高11.5、底座高1、长8、宽5.5厘米
下层（从左到右）
持斧俑：高12.5、长5、宽5厘米
武士俑：高15、长6.5、宽4.5厘米
文书俑：高13.5、长6、宽4厘米
持物俑：高13.5、长6、宽5厘米
持扇俑：高13.5、长6.5、宽4厘米
文书俑：高13、长6.5、宽6.5厘米
1986年湖北武汉黄陂蔡塘角1号墓出土
武汉博物馆藏

13件。为用于陪葬的小型人像，用捏塑法制成，包括单人俑10件、双人俑3件，造型各异，形象自然，制作精细，面部生动写实，人物眉间多有白毫相。表面施淡黄色釉或淡绿色釉，多已脱落。此类青瓷陪葬俑在三国时期东吴墓葬中常有出土，是当时社会生活的客观写照。

孙吴政权的建立，促进了长江流域特别是江南地区的开发。当时长江上游与中下游虽分属蜀汉、孙吴两国，但长江航运并未被阻绝。利用造船和航行技术，长江流域还与东亚的日本和南亚诸国开展对外交流，漆器等诸多商品流通海外，影响深远。

77 /

青瓷釉下彩重沿盖罐
Underglazed Celadon Lid Pot with Double Lips

三国吴（222～280年）
通高 28.5、口径 20、腹径 32.8、底径 18 厘米
2004 年江苏南京仙鹤街黄册家园工地出土
南京市博物总馆藏

罐重沿，内沿直领，外沿稍外撇，束颈，溜肩，深弧腹，平底，外底有支烧痕迹。肩部贴塑衔环铺首和鸟形系各四个。灰白胎，胎质细腻，器内外满施青灰釉。除外底和内壁，通体釉下彩绘褐色纹饰，如卷草纹、云气纹、折线纹等，瑞兽、珍禽、芝草装点其间。布局繁密而不杂乱，画工娴熟自然，线条流畅潇洒，意境神秘缥缈。

此类青瓷釉下彩绘器出土数量极少，目前仅在南京地区发现同期类似作品三件及部分残片，说明我国早在三国时期就已具备烧制釉下彩瓷器的先进工艺，是陶瓷装饰艺术的一项重大变革。

朱然墓位于安徽马鞍山，为东吴左大司马、右军师、当阳侯朱然之墓。朱然是当时孙吴最高统治集团成员之一，其墓葬的发掘是三国考古的重要发现。墓中出土漆器种类众多，工艺复杂，漆器上的绘画保存完好，反映了长江流域漆器艺术的杰出成就。

78 /

木刺
Wooden Visiting Card

三国吴（222～280年）
长 24.8、宽 3.4、厚 0.6 厘米
1984 年安徽马鞍山朱然墓出土
马鞍山市三国朱然家族墓地博物馆藏

木质。长条形，正面直行墨书"丹杨朱然再拜问起居 故鄣字义封"，字体隶中带楷。"义封"是朱然的字，"丹杨""故鄣"（今浙江安吉）是朱然的籍贯。朱然墓共出土木刺14枚，形制大小相同，上面写有主人身份与姓名，作用类似于今天的名片，为判断墓主身份提供了直接证据。

79 /

漆匕
Lacquer Spoon

三国吴（222～280 年）
长 12.4、宽 4.1、厚 0.75 厘米
1984 年安徽马鞍山朱然墓出土
马鞍山市三国朱然家族墓地博物馆藏

　　三件。木胎。呈长舌形。周身髹黑红色漆，器身用红、金两种颜色绘出装饰图案。其中一件漆匕最为精致，周身布满云纹，器身一面绘制凤鸟与双头蛇，另一面绘凤鸟和龙，尽显古代贵族餐具的奢华与精美。经考证，此器应用于分拨食物，与朱然墓出土的漆榼、漆案、漆碗等餐具配套使用。后演变为勺。

80 /

季札挂剑图漆盘

Lacquer Plate with Pattern of Ji Zha Hanging Up Sword

三国吴（222～280年）
高 3.5、口径 24.8、底径 12.5 厘米
1984 年安徽马鞍山朱然墓出土
马鞍山市三国朱然家族墓地博物馆藏

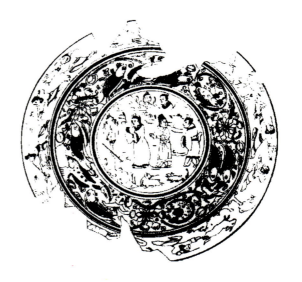

　　木胎。圆形，浅腹，局部残缺。内壁图案大致分为三部分。外圈黑红漆地上绘狩猎纹，中间一圈红漆地上绘莲蓬、鲤鱼、鳜鱼、白鹭啄鱼、童子戏鱼等图案，盘心为主题纹饰，描绘了"季札挂剑"的历史典故。整个画面彩绘布局紧凑，色彩明快，刻画细微。盘外壁髹黑红漆，底部用朱红漆书"蜀郡造作牢"五字铭，证实其产地在蜀地。四川的漆器历史悠久，工艺精湛，在汉唐时期被誉为"蜀中之宝"。此器反映出三国时期长江流域吴、蜀两地的密切交流。

江海共潮生

COMMON RISE OF
RIVER AND SEA

长江与海洋文明
考 古 文 物 精 品 展
The Yangtze River and Maritime Civilization
Exhibition of Fine Archaeological Relics

　　随着长江流域的发展与中外贸易的兴盛，长江沿线逐渐开始出现一些中心城市。隋唐以前，长江流域港埠尚数量不多，规模有限，航运中心主要经历了从江陵到建康的变迁。隋唐开始，丝绸之路由陆上转为以海上为主，南北大运河的开凿更改变了此前的水运格局，长江水运大交通的新时期到来。沿着干支流与大运河，长江得以贯通南北，进而连接全国各地；顺江东下，扬帆出海，还可沿海上丝绸之路直通海外。一时千埠并起，千帆竞发，江海交汇，水绿交融。这些长江沿线的港口津渡既是航运中心、物之驿站，也是文化枢纽、城市之根。

Driven by the thriving Yangtze River basin and flourishing foreign trade, a few hub cities were emerging along the river. There were few river ports with limited scale before the Sui and Tang dynasties, and the shipping center was relocated from Jiangling to Jiankang. After that, the onshore Silk Road transitioned to the maritime Silk Road, and the excavation of the north-south Grand Canal altered the water transportation layout, ushering in a new era of the Yangtze River transportation. With a network consisting of trunk river, tributaries and the Grand Canal, the Yangtze River connected the northern and southern parts of China and then unified the whole country. People could sail eastward down the river and out to the sea, reaching foreign countries via the routes of maritime Silk Road. At that time, the endless merchant fleets led to the vitalization of hundreds of port cities, the river-sea connection and the land-sea integration. These riverside ports were pivots of cargo movement by water, hubs of culture and roots of cities.

UNIT III

FLOURISHING RIVER PORTS

第三单元

扬帆起千埠

一
山高水长

　　长江上游自江源至湖北宜昌，全长 4500 余千米。宜宾至宜昌之间的川江河段中，长江三峡（瞿塘峡、巫峡、西陵峡）地形险要，战国时代起就已被开发为通舟要津。岷江、嘉陵江、乌江等支流沿岸亦有众多津渡兴起。

南宋夏圭《长江万里图》中的巴船出峡

（一）│ 益州——天府之国

益州（今四川一带）是长江支流岷江沿岸的重要港口。战国时，秦蜀郡太守李冰修筑都江堰，免除岷江水患的同时便利了航运和灌溉，使成都平原从此发展为旱涝保收的"天府之国"。两汉时，成都平原的经济文化更加繁荣，已是全国最富庶的地区之一。

81 /

漆木盘
Lacquered Wood Plate

西汉（公元前 206 ~ 公元 25 年）
高 4、口径 19.2、底径 12.3 厘米
2012 年四川成都老官山汉墓出土
成都博物馆藏

敞口，平折沿，弧腹，平底，外形精致。沿面与外壁髹黑漆，内髹红漆。沿面及靠近沿面的内壁饰漆绘红色弦纹五道，弦纹之间夹饰平行直线纹、点纹。盘心饰三周漆绘黑色弦纹，弦纹内为漆绘黑色平行直线纹、卷云纹与鸟纹。

老官山汉墓作为西汉景帝、武帝时期等级较高的墓地，出土了耳杯、奁、几、盘、盒等多种类漆木器 200 余件，可见汉时成都漆业之盛。

82 /

摇钱树
Bronze Money Tree

东汉（公元 25 ~ 220 年）
通高 150 厘米，树座高 55、长 31、宽 23.5 厘米，叶片最宽 52 厘米
1982 年四川绵阳石塘乡汉墓出土
绵阳市博物馆藏

　　由树座和树身两部分组成。树座为红陶烧制，分为四层。顶层圆雕站立的羊，羊背骑一羽人；第二层及以下为浮雕，饰抚琴者、听琴者、持弩者、持矛者、灵芝、羊、鹿、朱雀等图案；最下层正面为一伸首上昂的长蛇。树身为青铜浇铸而成，树干插于树座上，共分五层，每层插接枝叶四枚，向四方伸出。每枚枝叶上都有数量不等的方孔圆钱，并装饰多种祥瑞图案：最下层的四枚枝叶装饰杂技人物、朱雀、龙等；其他四层枝叶纹饰相同，均以西王母为中心，搭配骑马者、交谈者、奔鹿、龙、鸟等图案。树顶立一凤鸟，展翅欲飞。此树图像内容十分丰富，纹饰题材多样，大多与神话有关，象征着不老或飞升成仙，层次分明，繁缛精美。

　　摇钱树是汉代四川地区墓葬中较为常见的一种器物，寄寓了人们幻想飞天、追求富乐的美好愿望，具有浓郁的地方文化特征，侧面反映了东汉以来蜀地商品经济之发达。

83 /

舞蹈俑
Pottery Dancing Figurine

东汉（公元 25 ~ 220 年）
高 52、长 28、宽 19 厘米
四川绵阳观太崖墓出土
绵阳市博物馆藏

泥质红陶。人物面部丰满，束高发髻，左手提裙，右手自然上举，左脚略上抬，作挥袖起舞状。

汉代社会繁荣昌盛，益州一带经济发达，文化艺术成就卓越，舞蹈陶俑正体现出当时蓬勃向上的时代与地域特征。

84 /

击鼓说唱俑
Pottery Story-teller Beating a Drum

东汉（公元 25 ~ 220 年）
高 51.6、长 37.5、宽 23.2 厘米
1954 年四川成都羊子山 2 号汉墓出土
重庆中国三峡博物馆藏

　　泥质灰陶。人物头戴巾帽，袒裸上身，高耸双肩，鼓腹、屈膝，左手抱鼓于腰，右手（握槌已掉）指着嘴角，张口嬉笑，表情诙谐，眉飞色舞，仿佛正说唱到精彩之处。此俑极具动态与感染力，生动塑造出进行说唱表演的民间俳优的鲜活形象。

　　四川的东汉墓先后出土多件形象类似的说唱俑，有浓郁的民间气息和地方风貌，表明在当时的蜀地，说唱表演颇为流行，民间娱乐丰富。

（二）| 渝州——峡江滩险

　　渝州（今重庆）地处嘉陵江和长江的交汇处，"会川蜀之水，控瞿塘之上游"，历来是长江上游的水运大港。唐安史之乱后，北方动乱，经济重心南移，进一步刺激了渝州的经济发展和港口建设，使渝州港不仅成为四川各州府县的水陆交通枢纽，也是长江中下游各地往来船只的集运港。

85 /

青釉唾壶
Celadon Spittoon

唐（618 ～ 907 年）
高 16.4、口径 19.8、底径 7.4 厘米
1999 年重庆奉节上关遗址出土
重庆中国三峡博物馆藏

敞口，口呈上大下小的漏斗形，束颈，鼓腹，平底，器形丰满浑圆。素面无纹。通体施青釉，青中泛绿，釉不及底。

86

龙泉窑青釉玉壶春瓶
Celadon Jade Spring Bottle of Longquan Kiln

南宋（1127～1279 年）
高 26.5、口径 7.8、底径 13 厘米
2002 年重庆忠县窖藏出土
重庆中国三峡博物馆藏

撇口、细颈、垂腹、圈足。通体施青釉、釉色明亮润泽、釉层柔和、底无釉。器身素面无纹、造型修长优美、制作规整、以变化的弧线构成柔和匀称的瓶体、是宋瓷中具有时代特点的典型器物、代表了当时青瓷烧造的最高水平。

重庆出土的唐宋时期长江中下游瓷器产品，正是当时渝州作为重要港口和商品集散地，与长江中下游地区经济文化交往频繁的佐证。

白鹤梁水文遗址

　　白鹤梁位于重庆涪陵，是长江中一块天然巨型石梁，梁上存有题刻约 175 段、石鱼 18 尾。古人以石鱼为水标，以鱼眼作为测量水位的标准，记载了长江 1200 年间 60 多个枯水年份的水文信息。梁上最早的双鲤石鱼刻于唐广德二年（764 年）以前。当地民众每年来观看水文记录，以此判断来年农作物丰稔状况，形成一种独特的文化传统。白鹤梁极具水文科学价值，被誉为保存完好的"世界第一古代水文站"。

87 /

宋黄庭坚题名拓片
Rubbing of Autograph by Huang Tingjian in the Song Dynasty

民国时期（1912 ～ 1949 年）
纵 49、横 115.4 厘米
重庆中国三峡博物馆藏

　　拓片左侧为黄庭坚题词："元符庚辰，涪翁来。"右侧为南宋曹士中及张维等人题词。"元符庚辰"即北宋元符三年（1100 年），"涪翁"为黄庭坚晚年谪居涪州时的号。黄庭坚为"苏门四学士"之一，是江西诗派的开山祖师，生前与苏轼齐名，世称"苏黄"。黄庭坚题刻为白鹤梁题刻中最有名者，其真伪仍存争议。

88 /

清董维祺题词拓片
Rubbing of Inscription by Dong Weiqi in the Qing Dynasty

现代
纵 135.4、横 116 厘米
重庆中国三峡博物馆藏

拓片题词："溯清流而漱甲，砥洪波以安澜。旋因止水，住为依山。留卜丰年之兆，待作化龙之观。皇清康熙丙戌春正五日，江心石鱼报出，土人云：见则岁稔。余因偕僚友往观，并勒铭以志其兆云。内阁纂修实录、涪刺史、千山董维祺题。"

董维祺，清康熙四十三年至五十五年（1704～1716年）任涪州知州，题词所记"康熙丙戌"即康熙四十五年（1706年）。

二
襟江带湖

　　自湖北宜昌至江西湖口是长江的中游，包括荆江和城陵矶至湖口两大河段，全长950余千米。中游两岸湖泊众多，江湖相通，构成庞大的洞庭湖和鄱阳湖水系。春秋时期起，这一带航运事业兴起，沿江津渡林立。

（一）│ 江陵——兵家必争

　　江陵（今属湖北荆州）濒临长江，江汉运河古河道经水门流经城中，水运交通相当发达。这里曾是楚国郢都纪南城的所在地，地理位置十分重要，成为长江流域早期最为繁荣的商埠，在战国秦汉时期始终处于中心港埠的地位。

89 /

湖北江陵木船模型（复制件）
Model of Wooden Boat Unearthed in Jiangling, Hubei (Duplicate)

西汉（公元前 206～公元 25 年）
高 19、长 71、宽 12 厘米
原件 1973 年湖北江陵凤凰山汉墓出土
中国航海博物馆藏

　　原件为陪葬明器，由整木雕成。船体细长，船首窄收，船尾稍宽，中部最宽。船体中部凿空成舱，内设两根横梁，以撑船舷，之上再铺盖板成为船面。船面设置五支船桨，四支在船前部两侧，作划桨用，另一支在靠船尾的舷部，为操纵方向之用，起到舵的作用。此船造型流畅，力学平衡考究，反映出我国 2000 多年前的造船科技水平和当时以江陵为中心的长江水运贸易之活跃。

90 ⁄

彩绘鱼纹漆耳杯

Lacquer Ear Cup Decorated with Fish Pattern

西汉（公元前 206 ～公元 25 年）
高 5.3、长 17.4、宽 12.3 厘米
1992 年湖北荆州高台 28 号墓出土
荆州博物馆藏

木胎，挖制。口呈椭圆形，弧壁，深腹，平底，窄长圆弧形耳。器表髹深赭色漆，内髹红漆。内底正中用黑漆勾绘小鱼一尾，构图简练，美观大方，反映出西汉鼎盛时期的文化风貌。

耳杯为盛酒或盛食之器，双耳似鸟翼，亦称为"羽觞"。最早见于东周，沿用至魏晋，《兰亭序》"曲水流觞"之"觞"即漆耳杯。以楚地漆耳杯最为精美，形状有带流杯、豆形杯之别和方耳、圆耳之异，纹饰呈花卉蔓草之美和龙凤云气之奇。

（二）｜汉口——楚中繁盛

汉口（今属湖北武汉）居长江中游，扼汉水通长江的要津，水路四通八达，有"九省通衢"之称。汉口后来居上，明中期起因漕运一跃而起，至清代既是湖广最大的淮盐运销中枢地，也是竹木贸易的重要中转站，成为长江中游的最大港埠和商业巨镇，被誉为"楚中第一繁盛处"。

明晚期《江汉揽胜图》，描绘了当时武汉江面帆樯林立、水路繁荣的盛景。

91／

徽商《湖广至扬州水程歌》
Song of Waterways from Huguang Province to Yangzhou for Huizhou Merchants

清（1644～1911 年）
长 20、宽 15 厘米
安徽博物院藏

纸本。以七言诗歌的形式串联沿江地名，记述了扬州和湖广之间的水路，一直到达长江中游的汉口，为徽商在常年的长江水路航行和贸易实践中所编写。

明清时期，徽商兴起，长江水路是徽商活动最为频繁的商路之一。徽商创作或改编了大批长江路程书或路程歌，路线通常是由京口（今江苏镇江）或仪真（今江苏仪征）溯江而上直到汉口，有的还进一步到达湖北的荆州、沙市，或湖南的湘潭、永州。

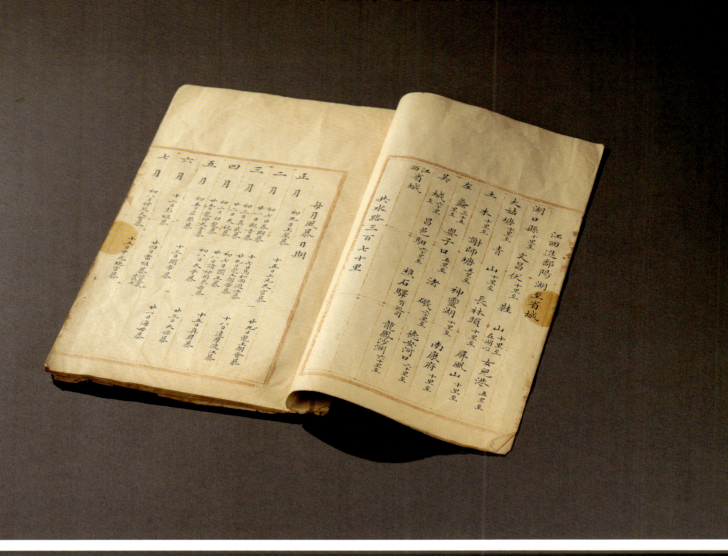
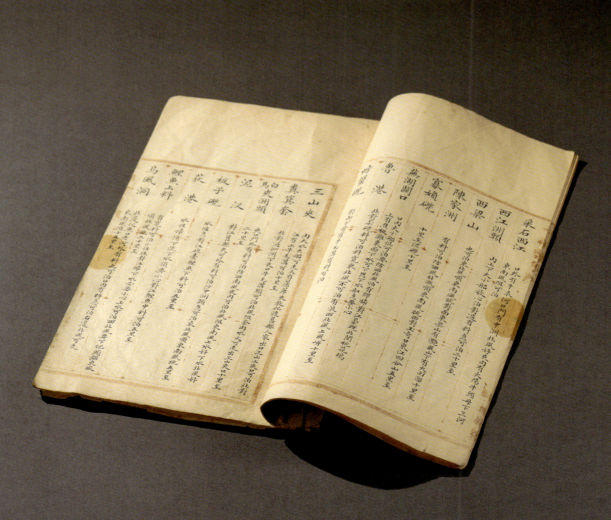

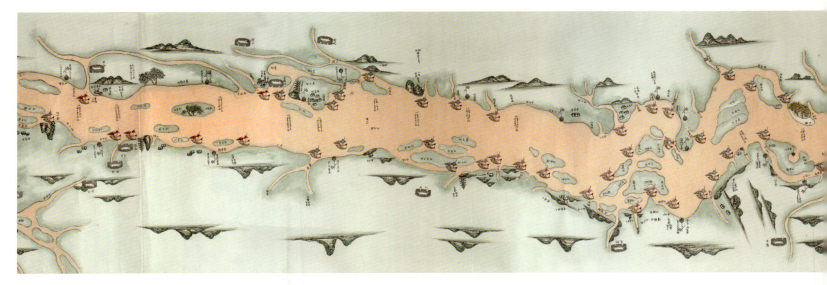

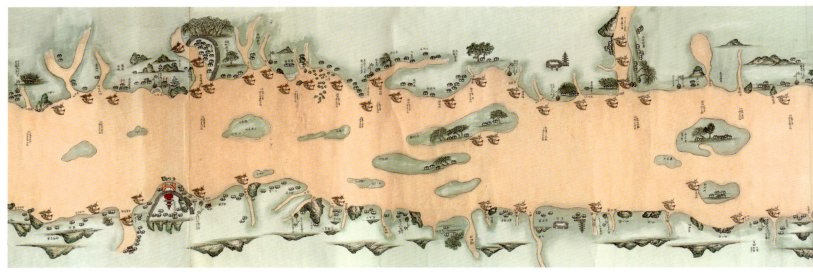

92 /

《镇江至武汉长江河道图》卷
Scroll Painting of *the Chart of the Yangtze River Channels from Zhenjiang to Wuhan*

清（1644 ~ 1911 年）
纵 44.5、横 735 厘米
中国航海博物馆藏

　　长卷，纸本，青绿设色。描绘出长江中下游镇江至武汉段的河道，简要绘制沿岸风物、船只、树木、房屋等，并标注了各段江面宽度、水深、河口位置、沿岸地名等信息。此图绘制于清代后期，画面精美，亦具文献价值，对研究清朝末年至今长江河道的水文情况及历史演变具有较大意义。

93 /

"江汉关"乾裕号匠蔡春五十两银锭

Fifty-liang Silver Ingot of *Hankow Pass* Mark Made by Silversmith Cai Chun of Qian Yu Store

清（1644 ～ 1911 年）
高 7.5、长 11.5、宽 7 厘米
中国航海博物馆藏

马蹄形，两端高高翘起，中间凹陷，锭面戳印"江汉关 光绪八年月 乾裕号匠蔡春"铭文，底部为蜂窝状。

晚清，汉口商贸发展迅猛。汉口海关——江汉关，设立于汉口开埠后的 1862 年，与上海江海关、广州粤海关、天津津海关并称为"近代中国四大海关"。江汉关是其中唯一一个不临海的海关，其设立使武汉由内地商品集散地发展成为内连腹地、外达海洋的近代商埠。江汉关将所收税银合铸成五十两大锭上缴国库，是清政府的重要财政来源。"乾裕号匠蔡春"就是专门为江汉关铸造银锭的商号与工匠。

（三）｜ 江州——米市茶市

　　江州（今江西九江）居于长江与支流赣江的交汇点，上通川楚，下至苏杭，是长江中游另一航运中心，为"四大米市""三大茶市"之一。宋元时期，江州商贸发达，漕粮、瓷器、茶叶等货物吞吐量巨大。景德镇瓷器也经江州运往长江上下，并大批出口海外。

94

景德镇窑青白釉花口托杯
Bluish White Glazed Cup of Jingdezhen Kiln with
Flower-shaped Mouth and Cup Holder

宋（960 ~ 1279 年）
通高 8、杯口径 7.6、杯底径 3.8、托口径 10.4、托底径 6.5
厘米
江西省博物馆藏

　　上杯下托，均为六瓣葵口。杯敞口，折腹，圈足外撇，内壁出筋六道。托折腹，底心凸出托台，托心内凹，高圈足。造型美观大方，通体施青白釉，釉色偏白。

95 /

景德镇窑青白釉刻花马蹄莲纹碗
Bluish White Glazed Bowl of Jingdezhen Kiln
Engraved with Calla Lily Pattern

宋（960 ～ 1279 年）
高 7.8、口径 18.4、底径 6 厘米
江西省博物馆藏

　　敞口，口沿呈六瓣葵形，斜直腹，圈足。内
壁刻划马蹄莲纹样。通体施青白釉，釉色白中泛
青，釉质莹润。

96 /

至元三十年"江西等处行中书省烧钞库印"铜印
Copper Stamp of *Stamp of Banknote Incineration Warehouse of Executive Secretariat of Jiangxi Province et al.* in the 30th Year of the Zhiyuan Era in the Yuan Dynasty

元（1271～1368 年）
通高 6.5、边长 5.7、印面厚 1.3 厘米
1983 年江西九江山川岭基建工地出土
九江市博物馆藏

梯形纽，印面为正方形，印文为阳刻八思巴文"江西等处行中书省烧钞库印"，印背右侧刻汉文"江西等处行中书省烧钞库印"，左侧落款"至元卅年七月 日中书礼部 造"。

烧钞库是元代负责销毁残损纸币的机构。这是目前国内发现的唯一烧钞库铜印，是当时九江经济繁荣、商贸兴盛的见证。

三

揽江汇海

从鄱阳湖口至上海崇明岛入海口，长江下游全长930余千米。这里地势低缓，沃野千里，滋养出人文荟萃、底蕴深厚的江南文化。尤其是唐宋以来，下游众多港口相继崛起，成为中国与海外交往的重要口岸。

（一）│ 南京——六朝烟雨

南京既有秦淮河舟之利，又可沿长江沟通内外，早在六朝时期已成为名动天下的良港和长江航运中心。之后，南京港逐渐衰落。直到明代初期，作为都城、郑和下西洋船队的出发点、宝船的建造地，南京复兴为航运中心，将中国古代航海事业与中外经济文化交流推至顶峰。

97 /

玻璃碗
Glass Bowl

东晋（317～420年）
高7、口径9.2厘米
1998年江苏南京仙鹤观高崧家族墓6号墓出土
南京市博物总馆藏

侈口，束颈，弧腹，圜底。碗白色微泛青，透明度高，玻璃中含有较多小气泡。肩腹有三组极浅细的弦纹，碗腹至碗底饰四周磨光略内凹的竖长椭圆形花纹，这种磨花工艺是萨珊玻璃的典型风格。通过检测其残片成分可知，此玻璃属钠钙系统玻璃，不同于中国的铅钡玻璃。公元3至7世纪正是伊朗高原玻璃业发展最为兴旺的时期，制造的精美萨珊玻璃器皿供上层社会享用和出口。这件玻璃碗器形端庄秀美，纹饰简洁明快，极具异域风情，反映了六朝时期长江流域与海外的贸易往来。

98 /

长沙窑酱釉胡人骑狮俑
Bean-sauce-glazed Figurine of Changsha Kiln in Shape
of a Foreigner Riding a Lion

唐（618 ~ 907 年）
高 11.2、长 8.6、宽 6.3 厘米
江苏南京秦淮河西水关出土
南京市博物总馆藏

狮子立于椭圆形底座上，上骑一胡人，深目高
鼻，头戴圆毡帽，造型生动有趣。

西水关是内秦淮河的出水口，与长江相连，货
运交通繁忙。西水关古秦淮河航道发现的沉船和
长沙窑瓷器，再现了古时西水关商船往来的繁华
景象。

99 /

长沙窑青釉褐斑贴花椰枣纹壶
Celadon Ewer of Changsha Kiln with Brown-colored
Spots and Veneered Pattern of Dates

唐（618～907 年）
高 21.3、口径 12.4、底径 10.9 厘米
江苏南京秦淮河西水关出土
南京市博物总馆藏

敞口，圆唇外卷，粗短颈，八棱形短流，三股曲柄，对置三股双系，深腹，平底假圈足。通体施青釉，釉色青中略显灰黄。流及系下饰模印椰枣纹贴花，上涂褐色斑块，突出了图案的装饰效果。椰枣纹来自阿拉伯地区，带有浓郁的伊斯兰风韵。此器应为来样定制的外销瓷。

宝船厂遗址

　　南京宝船厂是明代最重要的官办造船基地，为满足郑和多次下西洋所需而专门兴建。遗址位于南京市鼓楼区中保村，至今尚保留若干造船工作区，并出土了船用舵杆、绞关木及铁斧、铁刀等各类造船工具。

100 /

木桨
Wood Paddle

明（1368～1644 年）
通长 95、桨叶长 40.5、桨叶宽 19、柄长 54.5 厘米
2004 年江苏南京宝船厂遗址出土
南京市博物总馆藏

柄为圆柱体。桨叶平面近长方形，一边略残。桨叶中有一道裂缝，背面钉有一把钉，说明曾进行过修补。背面有墨书文字，未辨识。表面较光滑，制作较规整。

101 /

金锭（复制件）
Gold Ingot (Duplicate)

明（1368 ～ 1644 年）
左：长 13、宽 9.8、厚 1 厘米
右：长 14、宽 10、厚 0.8 厘米
原件 2001 年湖北钟祥明梁庄王朱瞻垍墓出土
中国航海博物馆藏

两件。扁体弧端、束腰，正面铸铭文，背面光素。左件铭文"随驾银作局销镕捌成色金伍拾两重作头季鼎等匠人黄闵弟永乐拾肆年捌月 日"；右件铭文"永乐十七年四月 日西洋等处买到八成色金壹锭伍拾两重"。记载的时间与郑和第五次下西洋的时间完全吻合，系从西洋各国买回金料后重新熔铸而成，后赏赐给朱瞻垍。

（二）｜ 扬州——运河之城

　　隋炀帝开凿大运河、南北航线全面贯通后，扬州居于全国水运网的中心所在，遂应运崛起，千帆万舸四方辐辏而来，一跃成为鼎盛一时的全国第一大经济城市和接长江、连运河、通大海的新兴大港，富庶甲天下。

🛈 **隋炀帝墓**

　　隋炀帝墓位于江苏扬州，出土了十三环蹀躞金玉带、鎏金铜铺首等高规格随葬品，墓志识读出"隋故炀帝墓志"等字样，为研究隋唐时期历史、政治、经济、文化和艺术审美提供了一手科学资料。

102 /

灰陶盖罐
Gray Pottery Pot with Lid

唐（618 ~ 907 年）
通高 21.7、口径 8.5、腹径 21.1、底径 15.5 厘米
2013 年江苏扬州曹庄隋炀帝墓 1 号墓出土
扬州市文物考古研究所藏

　　由罐盖和罐身两部分组成。盖呈扁弧形，蘑菇形捉手。罐方唇，短直颈，溜肩，鼓腹，下腹斜直收，大平底。

103 /

灰陶几
Gray Pottery Teapoy

唐（618 ～ 907 年）
高 10.2、长 22.8、宽 9 厘米
2013 年江苏扬州曹庄隋炀帝墓 2 号墓出土
扬州市文物考古研究所藏

几面为长方形，两端弧状翘起。两腿直立微外撇，腿部镂空各有八个长方形孔。胎质细腻厚重，较坚致，外表施白色化妆土。根据墓葬形制、出土随葬品及对墓内人骨遗骸的鉴定，推测 2 号墓的主人应是隋炀帝皇后萧氏。

　　唐代有"扬一益二"之称，即唐时谓天下之盛，扬州第一而益州次之。唐代扬州是贸易商品最大的集散地，海内外众多豪商巨贾、文人墨客、使节学团云集于此。扬州唐城遗址出土了大量陶瓷、金器等，真实地反映了当时扬州商品贸易发达、中西文化相互交融的盛景。

104 /

伎乐飞天纹金栉
Gold Comb-shaped Headwear with Pattern of Flying
Apsaras Playing Music

唐（618 ～ 907 年）
长 14.5、宽 12.5、厚 0.04 厘米
1983 年江苏扬州唐城遗址三元路工地出土
扬州博物馆藏

金栉为头饰，用薄金片镂空錾刻而成。呈马蹄形，下部呈梳齿状。栉面上部满饰花纹，中心纹饰以卷云形蔓草纹作地，上饰对称的两个奏乐飞天，身系飘带，飞天下方饰如意云纹。周边饰多重纹带，分别为单相莲瓣纹带、双线夹联珠纹带、镂空鱼鳞纹带、镂空缠枝梅花间蝴蝶纹带等，内容各异，疏密有致。

唐代扬州是金银器制造中心和销售集散地，手工业极为兴盛。这件金栉的纹饰具有传统中国风格，但栉面上掐丝、累丝等技法明显受到西方金银制作工艺的影响。

三件，分别为十二生肖俑中的辰龙、午马、酉鸡。俑作站立状，兽首人身，身着交领广袖曳地长袍，双手平交于胸前，扎束腰带。头部未施釉，露白胎，以淡黄色、褐色和绿色釉分别勾描外衣、内衣领、袖口等处，釉色明快、配置协调，富有层次感。

105 /

三彩生肖俑
Tricolor Glazed Figurines of Chinese Zodiac Signs

唐（618 ～ 907 年）
龙俑高 22.5、马俑高 21、鸡俑高 20.5 厘米
1984 年江苏扬州农业科学研究所出土
扬州博物馆藏

106/

长沙窑青釉褐彩鸡心纹罐
Celadon Jar of Changsha Kiln with Brown-colored
Decoration and Pattern of Chicken Hearts

唐（618～907 年）
高 17、口径 8.8、底径 10 厘米
1978 年江苏扬州唐城遗址汶河路出土
扬州博物馆藏

直口，粗颈，削肩，直筒形腹，底内凹。颈肩连接处置对称泥条双系。胎灰黄，施青黄色釉，不及底。腹部两面各以褐彩点绘鸡心形外圈，内绘一周蓝彩点，中心再点一褐彩点。两外圈之间各以一中心点蓝彩的褐圈填饰。

扬州唐城遗址、墓葬中出土了大量瓷器，其中长沙窑瓷器及标本占很大比例。此罐图案简洁明快，具有浓郁的西亚风格。

107 /

"五月五日龙护铸水心镜"石刻
Tablet Inscription of *River Center Mirror Casted by Craftsman Long Hu on May 5th*

明（1368～1644年）
长约100、宽50、厚25厘米
扬州博物馆藏

呈长方形。描绘了一位名为"龙护"的工匠在江心铸造铜镜的场景，四周浪花翻滚，上书"五月五日龙护铸水心镜"。

唐时，扬州所产江心镜是进献皇室的贡品，也是海外贸易的重要商品，在"黑石号"沉船中就曾发现。据记载，江心镜需要在五月初五的午时，于扬子江中的船上铸造，传说这样铸造出的铜镜具有神力，可辟众邪。

元代，朱清、张瑄以苏州太仓为始发港，开通了海运漕粮的新路线。凭借漕运始发港之利，太仓成为通江达海的新兴外贸港口，"凡高丽、琉球诸夷，往来市易"，被称为"六国码头"。

樊村泾遗址

樊村泾遗址位于江苏太仓，发现房屋、道路、河道等各类遗迹 400 余处。遗址出土大量龙泉窑瓷器，与 20 世纪 70 年代韩国新安沉船出水龙泉窑青瓷在器形、纹饰等方面高度一致，证实太仓是元明时期海上丝绸之路的重要港口之一。

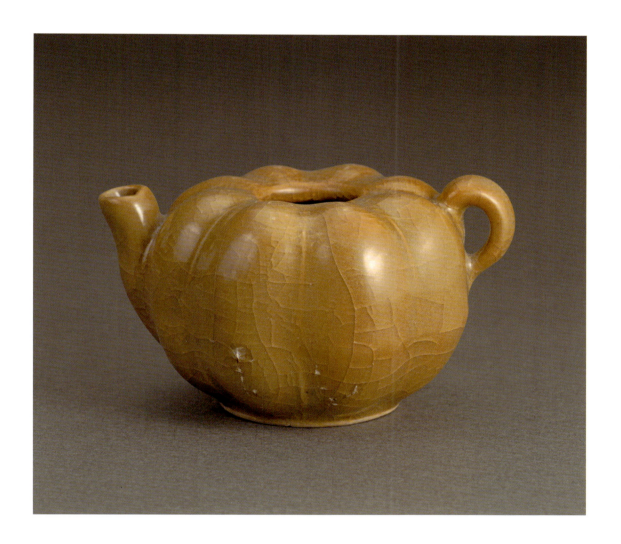

108 /

龙泉窑青釉瓜棱形壶
Celadon Melon-ridge-shaped Pot of Longquan Kiln

元（1271 ～ 1368 年）
高 5.5、口径 2、底径 4 厘米
2017 年江苏太仓樊村泾遗址出土
苏州市考古研究所、太仓市博物馆藏

口内凹，器身作八瓣瓜棱形，凹处起筋，圆形流高出器口，圆耳形执，圈足。灰白胎，通体施青釉，釉色泛黄。造型精巧生动，富有自然情趣。

109 /

龙泉窑青釉缠枝牡丹纹奁式炉

Celadon *Lian*-utensil-shaped Censer of Longquan Kiln
with Pattern of Peony with Entangled Branches

元（1271～1368 年）
高 15.5、口径 20.5 厘米
2017 年江苏太仓樊村泾遗址出土
苏州市考古研究所、太仓市博物馆藏

敛口，平沿内折微斜，深直腹，圈足悬空，下腹附三兽足及地，覆钵形涩底。外壁上下两端阳刻弦纹，中部贴塑缠枝牡丹纹。灰白胎，通体施青釉，圈足无釉。此种奁式炉造型洗练，装饰简洁，小巧玲珑，常为文房陈设、焚香所用。龙泉窑从南宋时期就开始烧造奁式青瓷香炉，至元代产量进一步提高，装饰亦更为丰富，成为元代龙泉窑的代表性产品，行销海内外。

（四）| 青龙镇——海商辐辏

地处长江入海口和我国海岸线的重要节点，青龙镇在唐宋时期逐渐发展兴盛。当时吴淞江河口宽阔达20里，海上商船出入顺畅。随着江南一带的开发和海外贸易的繁盛，青龙镇凭借控江连海的优势，发展为海上丝绸之路重要的始发港。

青龙镇还是上海港口和对外贸易的发端。清康熙开始，河运与海运两兼的上海港崛起，并在近代被迫开埠之后，逐渐发展为国际大港。

青龙镇遗址

青龙镇遗址位于上海青浦，遗址中发现了大量来自不同窑口的唐宋时期瓷器和一些航运相关遗迹，特别是具有航标塔功能的隆平寺塔的发现，以考古实物证实了青龙镇对外贸易港口的功能。当时南方各地的瓷器经水路、陆路汇聚至青龙镇，再由此销往高丽、日本等海外国家。

110 /

吉州窑鹧鸪斑纹盏
Black-glazed Bowl of Jizhou Kiln with Partridge Feather Pattern

南宋（1127～1279年）
高5、口径15.3、底径3.4厘米
2012年上海青浦青龙镇遗址出土
上海博物馆藏

圆唇，敞口，斜直腹，小圈足浅挖，足沿窄细。白胎，胎体细腻轻薄。施黑釉，釉层稀薄均匀，有鹧鸪斑。内壁满釉，外壁施釉至足部。

青龙镇遗址出土了数件江西吉州窑的黑釉盏，此为其一。吉州窑创烧于唐代，宋元时瓷业大发展，其中最具代表性的就是黑釉盏，其上多伴有木叶纹、玳瑁斑、剪纸贴花等装饰。

111 /

琉球国盖碗
Covered Bowl from Ryukyu Kingdom

清（1644 ～ 1911 年）
通高 7、口径 8.2、腹径 8.8、底径 3.5 厘米
1999 年上海金山华严塔出土
上海市金山区博物馆藏

　　由盖和碗两部分组成。碗直口微敛，圆腹，圈足，碗身有冰裂纹。盖内书"道光戊申八月琉球国碗旂檀香盖 华亭吴志喜志"。明清时期，位于中国东南太平洋上的岛国琉球是中国的藩属国。此盖碗反映了当时上海与琉球的往来。

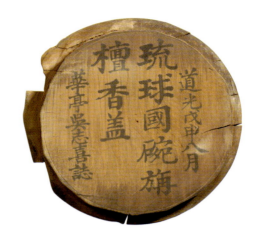

"长江口二号" 沉船

　　"长江口二号" 沉船是清同治年间沉没于上海崇明横沙岛东北部的贸易商船，为我国目前发现的体积最大的古代木帆船，保存较完好，于2022年整体打捞出水。船上出水大量船货商品和生活物品，生动展现了清代晚期长江黄金水道航运繁荣的景象，是上海作为近代东亚乃至世界贸易重要节点的历史见证。

112 /

粉彩二甲传胪图杯
Famille Rose Cup with Pattern of Er Jia Chuan Lu (Success in Imperial Examination)

清·同治（1862～1874年）
高6、口径8.1、底径3.8厘米
2021年"长江口二号"沉船出水
上海博物馆藏

　　敞口，斜弧腹，圈足。通体施白釉，外壁以粉彩描绘两只螃蟹和芦苇、水藻。两只螃蟹寓意"二甲"，芦苇之"芦"则谐"胪"音。清代科举考试将二甲第一名即殿试第四名称为"传胪"，因此人们用两只螃蟹配以芦苇寓意"二甲传胪"，借此寄托金榜题名、前程似锦的美好祝愿。

113 /

绿釉杯
Green Glazed Cup

清·同治（1862～1874年）
高6、口径8.2、底径3.9米
2018年"长江口二号"沉船出水
上海博物馆藏

　　敞口，斜弧腹，圈足。通体施白釉，外壁在白釉上复施一层绿釉，口沿处涂一周金彩。外底以矾红彩书"同治年制"四字双方框篆书款，印证了古船的年代。

114 /

冬青釉碗
Pale Green Glazed Bowl

清·同治（1862 ~ 1874 年）
高 6、口径 11.4、底径 4.2 厘米
2019 年"长江口二号"沉船出水
上海博物馆藏

　　敞口，圆唇，深弧腹，圈足。灰白胎，通体施冬青釉。器底绘花押款。

115 /

青花梵文折腹碗
Blue and White Bowl with Bent Belly and Pattern of Sanskrit Words

清·同治（1862 ~ 1874 年）
高 7.4、口径 17.2、底径 6.6 厘米
2018 年"长江口二号"沉船出水
上海博物馆藏

　　敞口，曲腹，圈足。内外均施白釉，足圈刮釉。外壁以青花满绘梵文，内壁饰两组重弦纹，内底亦绘梵文。

116 /

青花缠枝莲纹碟
Blue and White Dish with Pattern of Lotus with
Entangled Branches

清·同治（1862～1874年）
高 2.5、口径 14.8、底径 8.4 厘米
2019 年"长江口二号"沉船出水
上海博物馆藏

敞口，浅腹，圈足，口稍残。内壁绘青花缠枝
莲纹，器底绘花押款。胎质洁白，釉质莹润，青花发
色淡雅匀润，莲纹笔触细腻，纹饰布局疏密有致。

江海共潮生

COMMON RISE OF
RIVER AND SEA

长江与海洋文明
考古文物精品展
The Yangtze River and Maritime Civilization
Exhibition of Fine Archaeological Relics

　　自古以来，多元共生的长江流域就是中外文化交流的前沿和高
也，在与海洋文明的贸易往来、文化互鉴、技术及宗教的交流传播
等方面走在前列。尤其是隋唐以后，随着全国经济重心南移至长江
流域，以及造船、航海技术的发展和指南针的发明应用，海上丝绸
之路的贸易发展到顶峰，长江流域也迎来最辉煌的时期，沿线港口
和航运空前繁忙。长江以更加开放的姿态，为中华文明注入了海洋
文明等多元文明元素，与海外的物质和文化交流越发密切。江海和
合，共同谱写交流互鉴的文明华章。

　　Since the ancient times, the Yangtze River basin featuring diversity and coexistence
has been a frontier and highland of Sino-foreign cultural exchanges, taking the lead in
trade, cultural mutual learning, exchanges and dissemination of technologies and religions
with the maritime civilizations. Through the dynasties of Sui and Tang in particular, as
China's economic centers moved southward to the Yangtze River basin, driven by the
progression of shipbuilding and navigation technologies, the invention and application
of compass and the peaking growth of the maritime Silk Road, the Yangtze River basin
enjoyed the most prosperous and glorious period with unprecedentedly hustling river
ports and shipping business. The grand river took an opener attitude, added richer
civilization elements like maritime civilization, and had closer material and cultural
exchanges with foreign countries. The harmonious growth of both river and sea drew an
embellishing prelude of civilization development with cultural exchanges and mutual
learning.

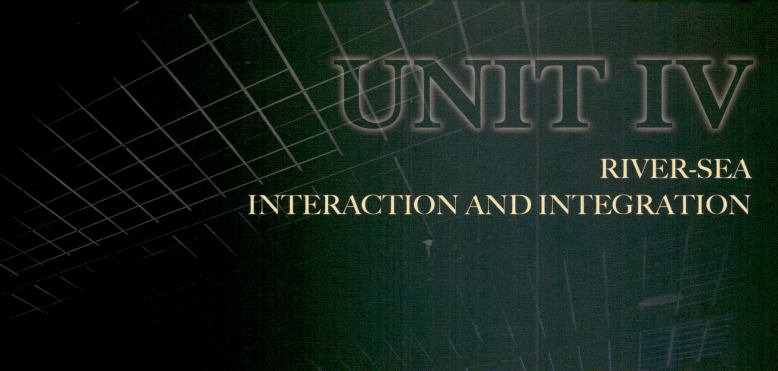

UNIT IV

RIVER-SEA
INTERACTION AND INTEGRATION

第四单元
江海互吞吐

锦绣华章

　　长江流域的先民很早就掌握了养蚕缫丝和织造工艺。中国四大名锦中，四川蜀锦、南京云锦、苏州宋锦都在长江流域；中国四大名绣中，蜀绣、湘绣、苏绣也都在长江流域。这些中国特产行销海外，广受欢迎。

蜀锦专指蜀地生产的提花织锦，具有质地坚韧、色泽艳丽、构图多样等特点，年代久远，工艺独特。早在汉代，蜀锦的发展已进入兴盛期，成都当时即以"锦官城"闻名天下，生产的蜀锦闻名世界。除了北方丝绸之路、南方丝绸之路外，古代蜀锦还由成都顺长江而下，通过海上丝绸之路走向海外市场。2006 年，蜀锦织造技艺被列入首批国家级非物质文化遗产名录。

117 /

米色地八答晕蜀锦
Shu Brocade with Badayun Pattern on Cream-colored Ground

宋（960 ~ 1279 年）
长 31、宽 15 厘米
四川博物院藏

残片，米黄色缎地，纬线起花。花纹由橙、绿、蓝等色组成。锦面主要为圆形和方形的团窠纹，以两条直线纹将其连通，成四方连续。团窠中配以如意、花瓣等纹饰，空隙处填花卉、蝴蝶、暗八仙等吉祥图案。这种在圆形、方形等几何骨架中拼合各种花纹图案的锦缎纹样被称为"八答晕"，是蜀锦的典型纹样之一。

118

双狮雪花球路纹蜀锦

Shu Brocade with Pattern of Double Lions, Snowflake
and Connected Rounds

明（1368～1644年）
长 30、宽 15.5 厘米
四川博物院藏

残片，黄绿色锻地，纬线起花。以大小彩色圆镜花纹构成主纹饰，大圆中饰双狮戏绣球纹样，小圆中饰龙纹等，圆圈间缀以"十"字等纹饰。整个锦面层次丰富，色调古朴典雅。这种以圆圆相交为基本骨架构成图案的锦缎纹样被称为球路纹，是波斯萨珊王朝流行的纹样，说明蜀锦在大量远销国外的同时，也受到了外来文化的影响。

119 /

黄褐色对鸟菱纹绮地"乘云绣"
Cheng Yun Embroidery with Silk Woven Pattern of Double Birds and Water Caltrop Flowers on Yellowish Brown Ground

西汉（公元前 206 ~ 公元 25 年）
长 39、宽 34 厘米
1972 年湖南长沙马王堆 1 号汉墓出土
湖南博物院藏

服饰用料。绮是平纹地起斜纹或浮长花的素色提花丝织品。该绣品以绮为绣地，在纵向的连续菱纹上填以横向的花纹，织纹和绣纹交相辉映，几何纹、动植物纹交替分布。专家研究推测，当时应使用有提花束综装置的织机才能达到此织造要求。刺绣花纹采用锁绣法，以朱红、棕红、橄榄绿等色丝线，绣出飞卷流云和隐约露头的凤鸟，墓中出土的遣策（随葬品清单）称之为"乘云绣"，寓意"凤鸟乘云"。线条配置匀称，画面生动活泼。马王堆汉墓出土的织物绣品是西汉纺织技术的巅峰之作，可谓湘绣的最初历史渊源。

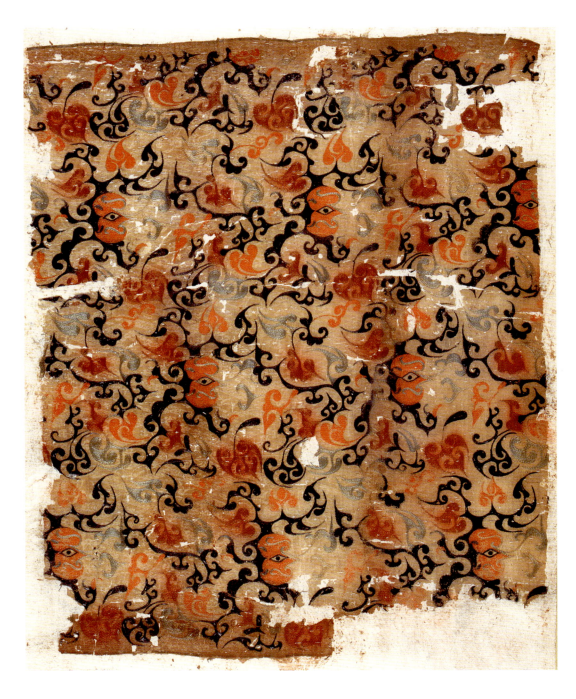

二
土火之艺

　　长江流域是瓷器的故乡，生产瓷器的窑口众多，品类丰富。中晚唐起，以长江流域瓷器为代表的中国瓷器逐步取代丝绸，成为海上丝绸之路最主要的大宗外销货物，对沿线地区的社会生活、饮食文化、陶瓷生产及艺术审美影响深远。

长沙窑又名铜官窑，是我国最早以烧制高温釉下彩瓷为主的窑口，在唐代最盛。长沙窑主动迎合市场需求，大量吸纳外来文化元素，充分利用通江达海的地理优势，将产品通过长江水道送往全国及海外，成为我国早期外销瓷的突出代表。

120 /

长沙窑青釉"一双班鸟子"诗文壶

Celadon Ewer of Changsha Kiln with Poem *A Pair of Turtledoves*

唐（618 ~ 907 年）
残高 15、底径 9.5 厘米
长沙市博物馆藏

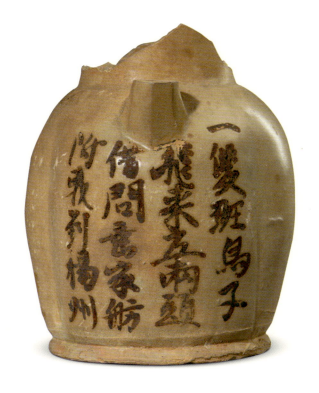

口、颈、系部残，圆肩，瓜棱腹，平底假圈足。肩置多棱柱短流，流下方以褐彩书写诗歌一首，诗文内容为："一双班鸟子，飞来五两头。借问亲家舫，附载到扬州。"

扬州是长沙窑外销的必经之路和极为重要的集散地。长沙窑瓷器在长沙生产后，经由水路运往扬州，再通过扬州销往各地。除产地湖南外，以江苏出土唐代长沙窑瓷器数量为多，而江苏又以扬州为最。

121 /

长沙窑青釉褐斑贴人物纹壶
Celadon Ewer of Changsha Kiln with Brown-colored Spots
and Veneered Pattern of Figures

唐（618 ～ 907 年）
高 19.6、口径 10、腹径 16、底径 14.5 厘米
长沙市博物馆藏

圆口，短颈，深腹，平底假圈足，肩腹部对称置三股双系，双系间一侧为三股曲柄，另一侧为一多棱柱短流。流口及双系下方分别饰一模印贴花，均覆以褐彩斑块。流口下方为一持剑武士，双系下方均为一胡人舞者。持剑武士左手持剑举于头上，双腿弯曲，身穿紧身衣物。舞者高鼻深目，头戴花帽，脚穿皮靴，右手持鼓举于头顶，左手持鼓于腰间，双足呈外"八"字形踏于圆毯上。据考证，他们表演的这种"球转而行，萦回去来"的舞蹈就是西域传来的胡旋舞。除了胡旋舞，长沙窑瓷器上还常描绘胡人奏乐、椰枣纹、阿拉伯文字、佛教艺术等异域元素，反映出不同文化的交流碰撞。

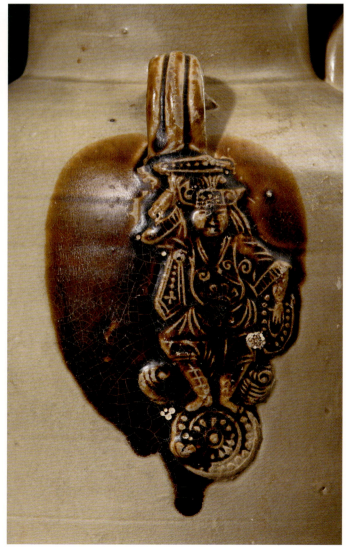

"黑石号" 沉船

"黑石号"沉船发现于印度尼西亚勿里洞海域，是从扬州出航、途经广州、前往阿拉伯地区的唐代商船。船上装载有 56000 多件长沙窑产品，多以褐、绿彩绘西亚文化元素的纹饰，表明长沙窑瓷器是唐代海上丝绸之路的大宗外销商品。

122 /

长沙窑青釉褐绿彩阿拉伯文碗
Celadon Bowl of Changsha Kiln with Brown-green-colored Pattern of Arabic Words

唐（618 ～ 907 年）
高 5、口径 14.8、底径 5.4 厘米
"黑石号"沉船出水
湖南博物院藏

敞口，斜弧腹，圈足。釉色清亮。口沿对称饰以四块褐彩斑块，内壁褐绿彩绘简易变形的阿拉伯文，画法随意洒脱。

此类型的碗在"黑石号"沉船中大量出水，其口沿处两两对称的褐彩斑是西亚地区常见的装饰手法。

123 /

长沙窑青釉褐绿彩莲花纹碗
Celadon Bowl of Changsha Kiln with Brown-green-colored Pattern of Lotus

唐（618 ~ 907 年）
高 4.2、口径 14.7、底径 5.3 厘米
"黑石号"沉船出水
湖南博物院藏

敞口、弧腹、圈足。胎色灰白，外施白色化妆土，罩透明青釉不及底，釉层开细片。口沿饰四块对称褐斑，内壁用褐绿双彩绘一朵盛开的重瓣莲花，构图具有鲜明的域外色彩。

长沙窑瓷器上常出现莲花、摩羯等纹样，可见佛教文化为其发展提供了大量的装饰素材，是长沙窑与外来文化交流融合的成果。

越窑青瓷由原始瓷演进而来，产地主要在浙江上虞、余姚、慈溪等地，是中国最早大批量销往海外的贸易陶瓷，成为"海上陶瓷之路"的开拓者。越窑青瓷的制作技术也随着外销传播至海外，出现了高丽青瓷等模仿越窑青瓷的产品。

124 /

越窑青瓷堆塑罐
Celadon Jar of Yue Kiln with Modeled Design

西晋（265～317年）
通高 48.5、底径 14.5 厘米
1987 年浙江绍兴皋埠镇上蒋村凤凰山西晋永嘉七年（313年）墓出土
绍兴市柯桥区博物馆藏

　　由上、下两部分组成，上部堆塑楼阙和人物，下部为罐体。上部又分两层，上层主体为环形建筑，四面开门，四壁开窗，屋顶加一攒尖顶方阁。主体建筑周绕回廊，每面开一门，与内相通，又各设庑殿望楼，均两壁设窗。下层四角各有一阙，前后两面各设一殿，以蹲狮为门柱，柱两旁各塑一人，左右两面各塑三人。下部罐体浅盘口，鼓腹，平底微内凹。腹部堆贴六个人物，手中各执一物，姿态各异。通体施青绿色釉不及底，釉面光润。六朝时期是早期越窑的鼎盛期，当时的越窑青瓷是我国成熟青瓷的典型代表。

125 /

越窑青瓷虎子
Celadon Tiger-shaped Water Utensil of Yue Kiln

西晋（265 ~ 317 年）
通高 18.2、长 26.7、宽 11 厘米
1987 年浙江绍兴皋埠镇上蒋村凤凰山西晋永嘉七年
（313 年）墓出土
绍兴市柯桥区博物馆藏

　　呈蚕茧形。圆口上昂，口上贴塑虎头，
双目圆瞪。背上连一弧形提梁，梁端贴附虎
尾。腹部两侧刻划飞翼，四肢蹲屈。内外施
青黄色釉，釉质均匀莹润。臀部露胎，可见
垫烧痕迹。

126 /

越窑青釉瓜棱水盂
Celadon Water Container for Inkstone of Yue Kiln in Melon-ridge Style

唐（618～907 年）
高 4.5、口径 4.8、腹径 8.2、底径 4 厘米
浙江上虞哨金双堰小金星朱家（自然村）出土
绍兴市上虞博物馆藏

短直口，扁圆腹作瓜棱形，腹部压印四条凹直线，平底。通体施青釉，釉色青翠莹润。

127 /

越窑青釉刻花粉盒
Celadon Powder Box of Yue Kiln with Engraved Pattern

北宋（960～1127 年）
通高 5.2、口径 12.8、底径 9.9 厘米
浙江上虞樟塘严村虞百仓库工地出土
绍兴市上虞博物馆藏

盒盖与盒身以子母口扣合，合缝严密。呈扁圆形。盖面隆起，刻三朵花卉纹样，细线画花茎。盒身圈足外撇，器底有五个泥条痕。除口沿外皆施青绿色釉。

128 ⁄

越窑青釉刻划花罐
Celadon Container of Yue Kiln with Engraved
Pattern

北宋（960 ~ 1127 年）
高 9.6、口径 6.5、腹径 11.3、底径 6.1 厘米
绍兴市上虞博物馆藏

　　敛口，圆球腹，圈足外撇。腹部置四道双
线直棱，分成四区，每区刻划纤细花草纹。施
青黄釉，釉面滋润光洁。

　　龙泉窑窑址位于浙江龙泉，制瓷历史悠久，在宋元时期发展到高峰，所产青瓷釉质厚润，釉色纯正，粉青、梅子青等产品大量销往海外。龙泉青瓷的外销对欧洲、东亚、东南亚和非洲等地影响较大，出现了如日本的"濑户窑"、越南和埃及的本土青瓷制品等许多模仿龙泉青瓷的产品。

129 /

龙泉窑青釉划花碗
Celadon Bowl of Longquan Kiln with Engraved Pattern

宋（960～1279年）
高 9、口径 15、底径 6 厘米
"南海一号"沉船出水
广东海上丝绸之路博物馆藏

　　敞口，斜弧深腹，圈足。内壁刻划缠枝出水莲花纹，内底刻四瓣花纹，刻纹清晰。施青釉，青中泛黄，釉面光洁莹润。

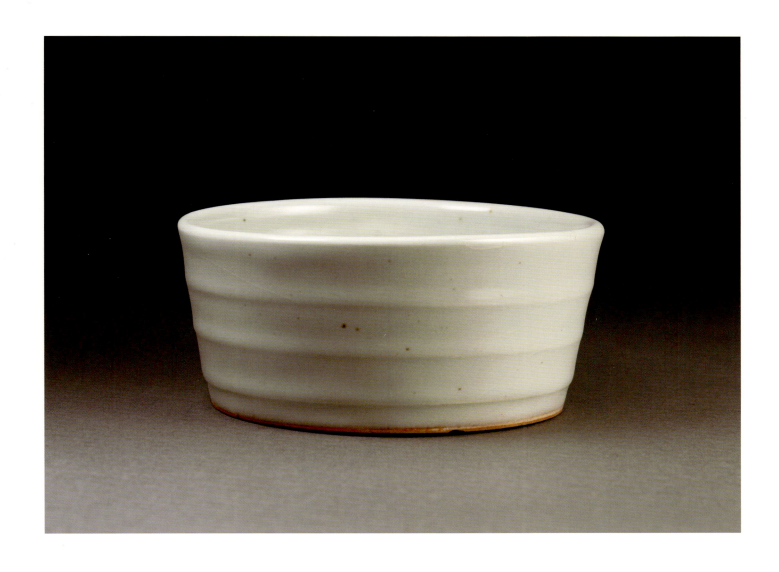

130 /

龙泉窑粉青釉竹节形炉

Light Greenish Glazed Furnace of Longquan Kiln in Shape
of Bamboo Joint

宋（960～1279 年）
高 5.8、口径 12.4、底径 10.6 厘米
浙江龙泉大窑村窑址出土
温州博物馆藏

口沿较宽，圆唇，直腹，腹下略收，器身凸起
弦纹三道，形似竹节，圈足，造型古朴大方。通体
施粉青釉，釉面匀净。足边露胎。

131 /

龙泉窑青釉龙耳衔环瓶

Celadon Vase of Longquan Kiln with Dragon-shaped
Ears and Rings

南宋（1127～1279 年）
高 14.8、口径 4.8、底径 5.3 厘米
温州博物馆藏

　　一对，形制相同。平口外展，长直颈，筒腹，
圈足。颈中部刻两周细弦纹，对称置一对龙耳衔
环。胎灰白较厚，施青釉，足缘露胎，呈赭红色。

218

瓷都景德镇西临鄱阳湖，北靠长江，宋元时期就是重要的青白瓷生产基地，所产青白瓷经鄱阳湖和长江水道销往各地。元代以后，各地窑场逐渐衰落，景德镇一枝独秀，成为全国性的制瓷中心，以青花瓷为代表的景德镇产品行销海内外，带来了长江乃至中国瓷业的空前繁荣。

132 /

景德镇窑青白釉印花葵口碟
Bluish White Glazed Dish of Jingdezhen Kiln with Sunflower-shaped Rim and Printed Pattern

宋（960～1279 年）
高 4、口径 17、底径 4 厘米
"南海一号"沉船出水
广东海上丝绸之路博物馆藏

葵口，宽折沿，弧腹，圈足。内口沿印有卷草纹花边，口沿内外压印呈优美的葵花状，内底印一折枝花卉纹。施青白釉，釉面莹润。

青白瓷又称"影青瓷"，是我国宋元时期主要的瓷器品种之一。其釉色青中泛白，白中显青，釉面莹润，如冰似玉。

133 /

景德镇窑青白釉瓜棱盖盒
Bluish White Glazed Covered Box of Jingdezhen Kiln in Style of Melon Ridge

宋（960～1279 年）
通高 10、口径 9 厘米
景德镇中国陶瓷博物馆藏

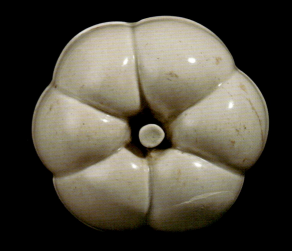

　　盖与盒以子母口扣合。整体等分为六个南瓜棱，盖顶有瓜藤装饰。施以青白釉，造型秀巧实用。

　　盖盒为唐代十分流行的一种实用器，用于盛装香料和粉黛。

134 /

景德镇窑青白釉瓜棱盖盒
Bluish White Glazed Coverd Box of Jingdezhen Kiln in Style of Melon Ridge

北宋（960 ～ 1127 年）
通高 5、口径 7.4、底径 5 厘米
1978 年江苏扬州泰县（今泰州市姜堰区）洪林公社尤南
大队出土
扬州博物馆藏

　　盖与盒以子母口扣合。整体等分为12个南瓜棱，盖顶有瓜藤装饰，平底。满施青白釉，胎体坚密细腻，釉色莹润如玉，造型优美逼真，是景德镇典型器。

135 /

景德镇窑青白釉堆罂粟花纹盖盒
Bluish White Glazed Covered Box of Jingdezhen Kiln
with Modeled Pattern of Poppy Flowers

元（1271～1368 年）
通高 4.2、口径 9、底径 8 厘米
景德镇中国陶瓷博物馆藏

　　盖与盒以子母口扣合。呈圆形，盖顶堆塑缠枝
罂粟花纹。施青白釉，有不规则裂纹。盖盒在宋元
时期的景德镇窑多有烧造，带有堆塑花纹的属其中
的精品。

136 /

繁昌窑青白釉镂孔炉

Bluish White Glazed Furnace of Fanchang
Kiln with Cut-out Decoration

宋（960～1279 年）

通高 17、口径 12、底径 14 厘米

1984 年安徽繁昌老坝冲宋墓群 8 号墓出土

安徽博物院藏

由炉座和炉身两部分组成。下部为六瓣莲花形炉座，器腹中空，双唇口，外唇花瓣形，内唇短圆，炉座中央束腰，下刻划仰莲瓣纹。炉身为内外两层结构，内部为炉膛，置一长柄浅盘口豆形器。外层为圆筒扣合于一碗上，筒敞口，外凸沿，口沿上有 19 枚乳丁，腹壁饰 6 个碟形和宝塔形镂孔，下沿外撇，有锯齿一周。碗为敞口，弧腹，饼足，小平底，外壁刻划竖条纹。碗底刚好套置在腹部中空的炉座内唇上。整器施青白釉，釉色泛黄。

芜湖繁昌窑兴盛于宋代早、中期，是中国古代最早烧制青白瓷的窑厂之一，直接影响了景德镇的青白瓷生产。借助芜湖便利的水运条件，繁昌窑瓷器沿长江和海上丝绸之路大量销往海外，在东南亚海域沉船中多有发现。

137 /

景德镇窑青花莲池鸳鸯纹碗
Blue and White Bowl of Jingdezhen Kiln with Pattern of Lotus Pond and Mandarin Duck

元（1271～1368 年）
高 10、口径 17、底径 7 厘米
南海海域出水
中国（海南）南海博物馆藏

口微外撇，腹部斜收，圈足。外壁饰莲纹和变形莲瓣纹，内口沿为缠枝菊花纹，碗心绘莲池鸳鸯纹，满池莲花盛开，鸳鸯嬉戏游水，画面生机盎然。

元青花瓷器颜色鲜艳，明净素雅，富有域外风情，属于为满足国外市场需求制作的外销瓷。景德镇工匠从波斯引进优质的钴蓝料烧造青花瓷，又将为迎合穆斯林饮食习惯而生产的青花大盘、大碗销往西亚地区。今南海海域出水了大量外销元青花瓷器，土耳其托普卡比博物馆和伊朗国家博物馆等地亦收藏了大量精美元青花瓷器。

138 /

景德镇窑青花缠枝牡丹纹瓶
Blue and White Plum Vase of Jingdezhen Kiln with
Pattern of Peony with Entangled Branches

元（1271～1368 年）
高 41.9、口径 6.1、底径 13.9 厘米
上海博物馆藏

    小口，折沿，短颈，丰肩，腹下部内收，浅圈足。器身纹饰自上而下分为五层，分别为卷草纹、缠枝莲花纹、缠枝牡丹纹、卷草纹、变形莲瓣纹，上下纹饰带间均隔以两道弦纹。青花呈色青翠浓艳，可见铁锈斑痕。足底无釉。胎体细密坚致，造型丰满。

御窑厂遗址

　　景德镇御窑厂是我国烧造时间最长、规模最大、工艺最为精湛的官办窑厂，代表了明清瓷器制造的最高水平。在御窑厂遗址中，发现了窑炉、作坊以及明清时期的瓷片等丰富的遗迹和遗物。这一时期，景德镇瓷器远销世界五大洲，瓷器的纹饰和器形常有异域风格。

139 /

景德镇窑青花折枝四季花卉纹花口折沿盘
Blue and White Plate of Jingdezhen Kiln with Flower-shaped Mouth, Folded Rim and Pattern of Four-season Flowers with Bent Branches

明·洪武（1368～1398年）
高9、口径45.6、底径26.6厘米
江西景德镇明清御窑厂遗址出土
景德镇御窑博物院藏

　　菱花形口，折沿，瓣形的弧壁与花口对应，圈足，红砂底。盘心双圈内绘折枝莲花，圈外分别绘折枝牡丹、石榴、菊花和茶花。内外壁饰折枝莲花纹，内外口沿饰海浪纹。纹饰布局稀疏整齐，留白处较多，为洪武官窑特色。

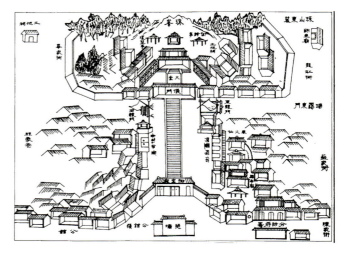

清代御窑厂图

140 /

景德镇窑青花伊斯兰式轮花纹双耳扁瓶

Blue and White Flat Vase of Jingdezhen Kiln in Islamic
Style with Pattern of Rotiform Flowers

明·永乐（1403～1424年）
高32.4、口径4、腹宽24、底长7、底宽5厘米
江西景德镇明清御窑厂遗址出土
景德镇御窑博物院藏

葫芦形口，圆束颈，腹扁而圆，方圈小足，肩颈置对称的如意形耳。口部绘缠枝菊花，耳部绘折枝花，腹部两面各绘轮花一朵，周围环绕花叶纹一周。胎质细腻，釉面莹润，青花发色浓艳，纹饰繁而不乱，精美大气。

此器仿西亚金属器造型，纹饰呈对称几何布局，有明显的伊斯兰艺术风格，腹部的轮花纹也是阿拉伯地区特有的纹饰，反映了当时明朝与西亚地区的文化交流。

141 /

景德镇窑青花折枝葡萄纹花口折沿盘
Blue and White Plate of Jingdezhen Kiln with Flower-shaped Mouth, Folded Rim and Pattern of Grapes with Bent Branches

明·宣德（1426～1435年）
高 5.6、口径 31、底径 20 厘米
景德镇中国陶瓷博物馆藏

菱花形口，折沿，弧形浅壁，矮圈足。盘内饰三层纹饰，口沿绘青花缠枝花卉纹，盘壁绘青花十二月花卉纹，盘心绘主题纹饰折枝葡萄纹。外壁纹饰与内壁相同，折沿处青花书"大明宣德年制"六字楷书款。胎体厚重，釉色清亮，青花浓艳并有铁锈斑，器形端庄，构图精美，反映了明代青花瓷生产的最高水平。此类器形为外销阿拉伯地区而制，用于盛储食物。

景德镇窑青花人物纹茶缸
Blue and White Tea Jar of Jingdezhen Kiln with Figure
Pattern

清（1644～1911 年）
高 17.8、口径 22、底径 9 厘米
上海市奉贤区博物馆藏

敞口、平沿、弧腹、平底。通体施白釉，外壁绘青花纹饰。腹部饰人物泛舟夜游赤壁图，点缀以树木、飞鸟、山石、小屋等，富有生趣。背面勾勒海棠形开光，内书楷体七言诗："五百年前续此游，水光依旧接天浮。徘徊今夜东山月，恍惚当年壬戌秋。有客得鱼临赤壁，无人载酒出黄州。吟成一浦千山寂，孤鹤横江掠小舟。"落款"樵者书"。

五百年前續此遊永

光依舊接天浮御細今夜

東山月恍惚當年壬戌歎有客

得魚臨赤壁無人載酒出黃州

吟成一浦千山寂孤鶴橫江掠

小舟

樵者書

143 /

景德镇窑粉彩人物纹碗
Famille Rose Bowl of Jingdezhen Kiln with Figure Pattern

清·乾隆（1736～1795 年）
高 8.6、口径 19、底径 9 厘米
上海市松江区博物馆藏

　　撇口，深弧腹，圈足。器内施白釉，光素无纹，釉面匀净。外壁以珊瑚红彩为地，四面各绘一金彩圆形开光，前后开光内粉彩描绘西洋人物，左右开光内绘东方山水，开光间以金彩绘勾莲纹为饰。底署青花"大清乾隆年制"六字三行篆书款。

三

东方树叶

　　长江流域是茶叶的起源地和重要产地，世界各国最初饮用的茶叶、引进的茶种，以及品饮方法、侍茶礼仪等，皆直接或间接由中国传播而来。17世纪开始，茶叶这"神奇的东方树叶"和中国茶具通过海运大量销往欧洲，饮茶之风迅速席卷各国。

144 /

荷兰东印度公司与中国茶叶贸易铜印
Copper Stamp of the Dutch East India Company's Tea Trade with China

清（1644～1911年）
高 2.4、长 6.5、宽 5.5 厘米
中国航海博物馆藏

　　印面呈方形，上方刻阳文 CHINEESCHE THE-EHANDEL（中国茶叶贸易），下方满刻茶叶贸易主题纹饰，有中式人物、西洋帆船、航标塔、茶树、茶箱、茶具等，画面内容十分丰富。

　　17世纪初，荷兰人首先将中国茶叶引入欧洲，对近代中西茶叶贸易的兴起与发展起到了重要的推动作用。近代早期的中荷茶叶贸易，基本由荷兰东印度公司垄断经营。

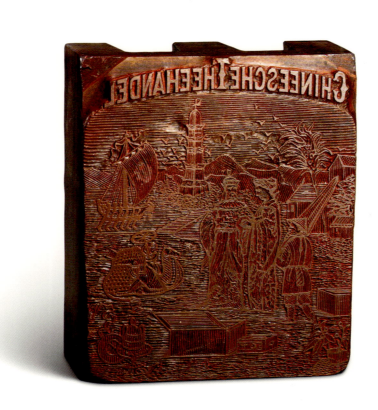

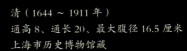

145

瞿子冶刻壶
Cinnabar Clay Teapot of Qu Ziye

清（1644～1911年）
通高 8、通长 20、最大腹径 16.5 厘米
上海市历史博物馆藏

　　圆盖，桥形纽，壶身低扁，短直流，拗把，流、纽、把弧线丰满。壶身刻竹一支，署款"子冶"。另一面行书题记"俯仰之态，向背有情，清风徐来，听之有声"。壶底有阳文篆书方印"乐陶陶室"。

　　紫砂壶主要产自江苏宜兴，在清代亦作为茶具销往国外。瞿子冶即瞿应绍，是清嘉庆至道光年间上海的制壶名家。

青花山水纹茶叶盖罐
Blue and White Covered Tea Jar with Pattern of Mountain and Water Scene

清晚期
通高 19.5、口径 4.1、底长 14.3、底宽 7.5 厘米
中国航海博物馆藏

　　由盖和罐组成。盖为圆柱形，罐小口，罐身呈六边形。罐身及盖上饰钴蓝色青花山水图案。罐底有"康熙年制"款，当为清晚期仿烧。

147 /

描金彩绘茶杯及托
Gold Outlined and Color Painted Teacup and Tray

19 世纪
杯：高 5.5、通长 10.5、宽 8 厘米
小托：高 3.5、口长 13、口宽 11.5 厘米
大托：高 2.5、口径 20、底径 11 厘米
上海市历史博物馆藏

　　杯口为四瓣花朵形，别致可爱，一侧装把手。配有一深托，口部亦处理为四瓣花朵，与杯呼应。另配一浅托，便于取拿。杯和托的口沿均饰红彩和金彩，器身主体部分描绘具有中国风情的缠枝花卉纹饰，是欧洲人仿制中国瓷器时常采用的装饰元素。

148 /

英国青花柳树纹壶
British Blue and White Pot with Willow Pattern

19世纪
通高 21、通长 24、宽 13 厘米
上海市历史博物馆藏

　　由壶盖和壶身两部分组成。盖为嵌入式，壶身较高，长腹下收，足外撇，弯流，"C"形把。这是由英国生产的一件茶具，但其整体装饰带有典型的中国元素。壶身以青花描绘了柳树、山水楼阁、亭前小径、曲栏等景物，柳树下方，有三人行于桥上，柳树上方绘一对飞禽，远处一叶扁舟浮于水上。底款有VICTORIA PORCELAIN FENTON ENGLAND等字样。这类"柳树纹样"的装饰风格是在西方进口并仿制中国瓷器的过程中逐渐衍生而成的，广泛应用于茶具、餐具等各式欧洲瓷器中，是中西方文化交融的结晶。

四
江南工巧

　　明清时期，长江中下游的江南地区经济发达，市镇繁荣，百业兴盛，名工巧匠云集，农业、手工业、科学技术等皆发展到高峰。江南工艺美术品匠心独具，精工细作，对海外尤其是东亚的日本等地影响重大。

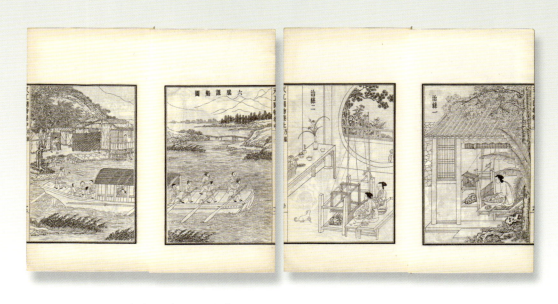

　　明宋应星《天工开物》是世界上第一部关于农业和手工业生产的综合性著作，所载内容及其中涉及的科学技术大半在中国长江流域。《天工开物》在18世纪流传到欧洲、日本，引起轰动，推动了欧洲的农业革命，被法国学者儒莲誉为"科技百科全书"。

149 /

剔红茶花纹圆盒
Round Lacquer Box Carved with Camellia Pattern

明·永乐（1403～1424 年）
高 3、直径 5.6 厘米
1962 年上海闵行马桥镇吴会村明墓出土
上海博物馆藏

　　蒸饼式，盖与盒以子母口相扣合。足底内凹，小而精致。表面髹枣红色漆，盒内和底均髹褐漆。盖面雕一朵盛开的茶花，盒身外壁两两相对雕菊花和石榴花。底左侧针刻"大明永乐年制"款。

　　元明时期，长江下游的江浙一带发展为重要的漆业中心，涌现出张成及其子张德刚、杨茂、彭君宝等一批髹漆名家。雕漆器是在胎体涂漆若干层，半干后用刀雕出花纹制作而成。雕漆器的漆层如果堆的是红漆，则称"剔红"；若为黑漆，则称"剔黑"。剔红漆器传播至海外，对日本漆器影响深远。

150 /

朱漆彩绘人物图长方盒
Red Lacquer Rectangular Box Painted with Colored Figure Pattern

明晚期
高 16、长 48、宽 30 厘米
中国航海博物馆藏

　　盒盖与盒身以子母口相扣合。呈长方委角形，平盖面，扁体，四足。盖面朱红漆地上描金彩绘人物故事图，盖边沿及盒内髹黑漆。盒底以朱漆书"大明崇祯年置"款。此器为江浙地区沿海居民祭海时所用的供盘。

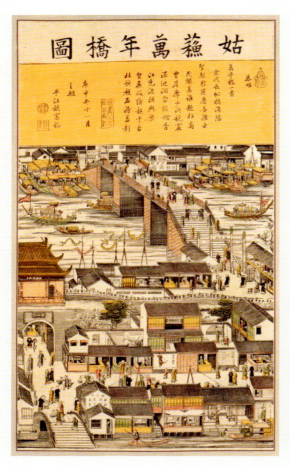

17 世纪下半叶至 18 世纪上半叶，以桃花坞版画《姑苏万年桥图》为代表的大量苏州版画从江南出发经长崎港流播日本，其中的立面透视画法与铜版画排线法对日本浮世绘艺术产生重要影响。

151 /

《观世音菩萨三十二相大悲心忏》雕版
Engraved Printing Block of *Repent with Great Compassion of the Thirty-two Characteristics of Avalokitesvara Bodhisattva*

明（1368 ~ 1644 年）
长 78、宽 25 厘米
安徽博物院藏

　　枣木质。呈长方形，双面刻，每面三图，皆为绣像结合题句形式的组画，绘洒水观音、水月观音、一叶观音、持经观音、杨柳观音等观音变相，站立坐卧诸形皆备，线条婉转如丝，精丽奇绝。此雕版现存五块，为明代万历时期徽州版画精品之作，由著名画家丁云鹏绘图，虬村黄氏刻工篆刻，徽州制墨名家程大约出版。

　　明清时期，中国木刻版画进入黄金时代，江南地区徽州版画、苏州版画发展蓬勃，在吸收西方绘画技法和印刷技术的同时，也流传广泛，直接推动了日本浮世绘艺术的诞生，并间接影响了欧洲绘画艺术，促进了中西文化的交流和推广。

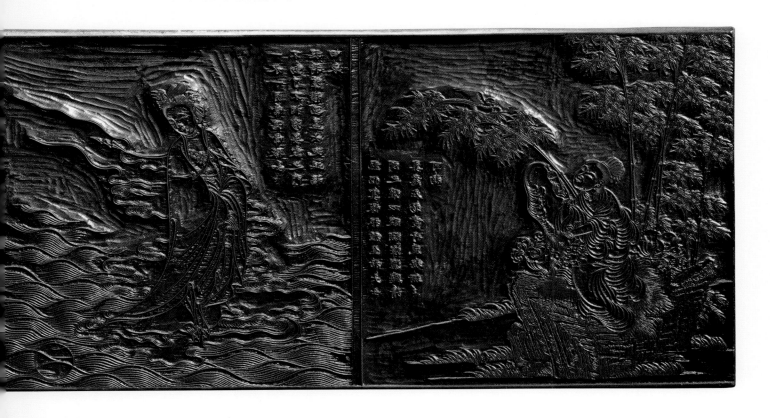

五

道法佛音

  在长江与海外进行人口交往、商品交换、文化与技术交流的同时，多元宗教文化亦在长江流域蓬勃发展，和合共生，深刻影响人们的生活与信仰。长江流域在中外宗教文化交流中展现了突出的包容性与创新性，促进了本土宗教和外来宗教在丝绸之路上的双向流动。宗教传播既是交流的动因之一，也是文明互鉴的重要成果。

佛教起源于印度，传入中国后逐渐在长江流域广泛传播，法华宗、禅宗、净土宗等众多宗派香火鼎盛。这些佛教宗派又通过出江入海的中外高僧传播至朝鲜、日本、越南等地，影响深远，是长江与海外文化互动交融的典型例证。

152 /

青瓷双系佛像罐
Celadon Jar with Double Rings and Buddha Pattern

三国吴（222～280 年）
高 11.6、口径 8.6、底径 7.8 厘米
1990 年浙江绍兴福全镇王家山头村出土
绍兴市柯桥区博物馆藏

直口，丰肩，鼓腹，平底微内凹。口沿处有七个支烧点痕。肩部压印弦纹、联珠纹和网格纹带，并在网格纹上堆贴双系及一对佛像。佛像头饰肉髻，有背光，身披袈裟，双手置于胸前，执佛珠一串，结跏趺坐。施青釉，釉色淡雅明净。

153 /

"东林寺乞米"陶罐
Pottery Jar with Inscription of *Beg Alms of Donglin Temple*

东晋（317～420 年）
高 19.1、口径 12.9、底径 12.4 厘米
江西九江钢铁厂出土
九江市博物馆藏

　　盘口，短颈，肩部置对称双系，鼓腹，平底。通体饰方格纹，颈部阴刻行书"东林寺乞米"五字。深灰色胎。据考证，这是晋代东林寺僧人化缘所用的盛器。东林寺位于江西九江庐山西北麓，东晋时由我国著名僧人慧远创建，系佛教净土宗发源地，是长江以南最大寺院之一。净土宗是佛教东传中国后本土化的成功典范，后又传到日本和朝鲜半岛等地。

154 /

莲花六系罐
Lotus-style Jar with Six Rings

南北朝（420 ～ 589 年）
高 20、口径 10.3、腹径 22、底径 10 厘米
嘉定博物馆藏

　　直口，溜肩，肩部一侧对称置双桥形系，一侧对称置单桥形系，鼓腹，腹中部饰一周覆莲纹，莲瓣宽厚，平底。器身施青黄釉至下腹部，釉面呈冰裂状。南北朝时期佛教盛行，莲瓣纹被广泛用于瓷器装饰。

155 /

六臂观音砂石像
Sandstone Statue of Six-arm Avalokitesvara Bodhisattva

唐（618 ~ 907 年）
高 43、长 18、宽 15 厘米
1964 年江苏扬州邗江瓜洲镇八里铺许庄出土
扬州博物馆藏

观音头顶变相法身，神态端庄而慈祥，身穿轻衣薄带，伸六臂，主臂双手呈莲花掌，赤足立于莲台之上。六臂观音为观音菩萨化身像之一。此像雕工简洁，线条粗犷，为研究唐代佛教文化艺术提供了极好实物。

156 /

四臂观音唐卡
Thangka of Four-arm Avalokitesvara Bodhisattva

清（1644 ~ 1911 年）
纵 55、横 39.5 厘米
四川博物院藏

布本，设色。以浮云、山脉、宫殿等景物将画面分为若干部分，人物众多，布局精巧。画心绘四臂观音主尊，白色身，头戴宝冠，袒上身，胸前双手呈莲花掌，右上手持念珠，左上手持莲花，结跏趺坐于莲花宝座上。

唐卡是藏族独具特色的绘画艺术形式，系用彩缎装裱后悬挂供奉的宗教卷轴画。四臂观音为观音菩萨化身像之一，被认为是雪域西藏的守护神，是藏传佛教崇奉的重要神祇、唐卡中的常见题材。

道教是长江流域土生土长的传统宗教，东汉时由张道陵创始。张道陵修道于江西龙虎山，后又入蜀，于成都大邑鹤鸣山创五斗米道，是为道教起源。近两千年来，道教在长江流域发展繁盛，并传播到朝鲜、日本、越南、柬埔寨等地，影响了当地的宗教和民间信仰。

157 /

西王母陶灯
Pottery Lamp with Modeled Pattern of the Queen Mother of the West

东汉（公元 25 ~ 220 年）
高 80、长 52、宽 19 厘米
1988 年四川绵阳观太 1 号崖墓出土
绵阳市博物馆藏

泥质红陶，模制。原应有上、中、下三层，上层部分已缺失。下层最底部塑有一猪，猪背上两侧各有一伸手托举灯盘的骑马人，中间塑有一熊，熊的上肢向上托举，所托举的部分中间塑两人物像，口沿部分为榫头结构，两侧各有一人身兽首造型，均伸出手托举灯盘。中层最下方为两门吏执杖立于天门旁，天门上方塑三足乌和九尾狐，最上方为西王母拱手拢袖端坐于龙虎座上，龙虎座两侧各立一人，均一手持袋状物，另一只手向外伸出托举灯盘（手已残缺）。

在中国远古神话中，西王母声名显赫。两汉时期，蜀地孕育了独特的民间信仰与宗教习俗，盛行升仙传说。道教创始后，西王母逐步演变为道教的"女仙之首"。人们相信对她的崇祀能引导逝者升天成仙，保佑生者福禄昌盛。

158/

青白釉堆塑龙纹瓶

Bluish White Glazed Bottle with Modeled Pattern of Dragon

元（1271～1368 年）
高 70、口径 8.9、底径 12 厘米
1951 年江西贵溪元至元三十年（1293 年）道教第 36 代天师
张宗演墓出土
江西省博物馆藏

　　口微敛，长颈，长鼓腹上下收，圈足外撇。口边向外凸出，上饰荷叶边形附加堆纹一周，下置四个对称圆形系，中空能穿绳。肩部饰凸弦纹一周，上托高 7.8 厘米的立俑 12 个，中以伏听俑和朵云相隔，俑的头部连接带状凸弦纹一周，其上立武士俑，左右饰鸡、犬、玄武。龙纹环绕其间，头部向外悬空，凤凰及朵云托日月点缀其上。通体施青白釉，釉不及底。

　　龙虎堆塑瓶是宋元时期江西流行的一种特殊的随葬明器。"龙虎"为道家语，专指水火、铅汞之属，后成为道教思想的重要象征，在堆塑瓶上成对出现，一龙一虎缠绕在颈部，称之为"龙虎瓶"。此为其中的龙纹瓶。

159 /

五岳真形铜镜
Bronze Mirror Embossed with Pattern of the Five Sacred Mountains

明（1368 ~ 1644 年）
直径 10、立缘厚 0.8 厘米
1984 年江苏太仓东郊黄元会夫妇墓出土
太仓市博物馆藏

《道藏经》中的五岳真形图

呈圆形，无镜纽，镜缘窄凸。镜背饰"五岳真形图"，"嵩岳"图形居中，外四方分别为"泰岳""恒岳""衡岳""华岳"，五岳图形与实际的山岳形象相似。

这是铜镜上最早出现的五岳真形图，为道教符箓，体现了道教的山岳崇拜。据古代传说，五岳真形图"诸仙佩之，皆如传章，道士执之，经行山川，百神群灵，尊奉亲迎"。

COMMON
RISE
OF
RIVER
AND
SEA

The Yangtze River and
Maritime Civilization Exhibition
of Fine Archaeological Relics

江海共潮生

长江与海洋文明
考古文物精品展

大江流日夜，慷慨歌未央。

回望历史，长江以奔涌不息的航运动力，串联起江海之滨物质与文化交流互动的场域，为海洋乃至人类文明的流变贡献了生发力量，谱写出江海共潮生的千年辉煌。

注目当下，长江仍是连接"丝绸之路经济带"和"21世纪海上丝绸之路"的重要纽带。碧水东流，江海联动，千年"黄金水道"肩负起畅通国内国际双循环主动脉的全新历史使命，风采更胜往昔。

新时代江海之歌，方兴未艾。

———   ———   ———

The Grand River flows day and night, and its legend never stops outright.

Throughout the history, the Yangtze River, with its inexhaustible shipping strength, has connected the riverside and coastal places for material and cultural exchanges, made significant contribution to the evolution of maritime and human civilizations, and composed a magnificent "chapter" of Common Rise of River and Sea for millenniums.

Nowadays, the Yangtze River remains a major tie between the Silk Road Economic Belt and the 21st Century Maritime Silk Road. As lucid water flows eastward, by the river-sea interaction this ancient Golden Waterway shoulders the new historical mission of pillaring "unimpeded dual circulation of domestic and overseas markets", thus showcasing its unfading grandeur.

A new river-sea legend is just unfolding in the new era.

长江沿线港口新貌

宜宾港 ⚓   ⚓ 泸州港

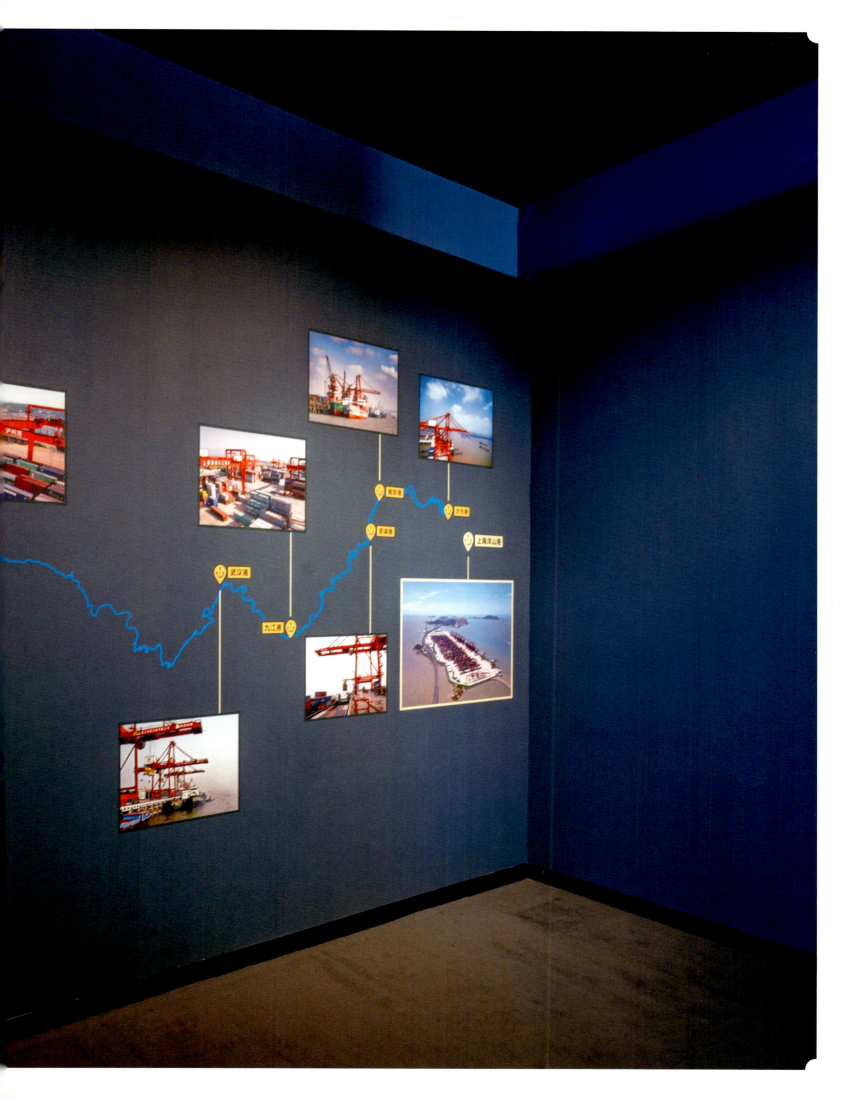

江、海共潮生

COMMON RISE OF
RIVER AND SEA

长江与海洋文明

考 古 文 物 精 品 展

The Yangtze River and Maritime Civilization
Exhibition of Fine Archaeological Relics

专题研究
RESEARCH ARTICLES

大河文明视野下的三峡地区
早期聚落文化

彭学斌　重庆中国三峡博物馆

聚落是一个地理学名词，意指人们的活动场所，也是人类智慧的产物。聚落废弃成为遗址，是研究历史时期人地关系的最佳窗口，为研究人类与自然环境的关系"提供了一个尖锐的焦点"[1]。长江三峡是长江流域的代表性地理景观，也是长江文明的重要组成部分。从20世纪90年代至今，因三峡工程而开始的三峡文物保护工作已延续三十余年，对这一区域的拉网式考古调查与发掘使得大量考古学遗址被揭露出来，大量的历史文物重见天日。由此，针对这一区域进行全时空的历史学研究便具备了充分的物质基础。以下，将结合三峡考古发现及成果，通过对早期三峡地区的聚落文明进程的考察，探讨历史时期三峡地区人地互动情况。

一、地理环境决定了三峡地区的聚落文化，这里具有世界大河文明的诸多共性

在聚落环境方面，长江三峡地区的地理纬度范围大致在北纬29°～32°。在历史上，这条纬度线附近的生态景观大致有一个共同特点：大江大河流淌，交通便捷，气候、资源条件优越，适宜人居。世界上几个大的文明古国——埃及、两河流域、中国、印度、墨西哥等都大致处于这个纬度范围。在中国，同一纬线上的长江流域聚集了丰富的文明遗迹。6000～7000年前，出现了中国最早的城墙围绕的古城——湖南澧县城头山城址；4000～5000年前，出现了修建于平原地区的规模最大的史前城址——浙江余姚良渚都城和湖北天门石家河城址；商代的四川三星堆遗址和湖北盘龙城遗址代表了高度发达的青铜文明；春秋战国时期，巴蜀文化、荆楚文化、吴越文化作为长江流域的代表性文化与北方齐鲁文化、三晋文化、秦羌文化比肩而立。以三峡地区为代表的巴文化即为长江上游巴蜀文化的两大支撑体系之一。

---

1. 张光直：《谈聚落形态考古》，《考古学专题六讲》，北京：文物出版社，1986年，第74页。

在聚落选址方面，据三峡考古发掘资料统计，三峡库区 600 多千米的沿江两岸分布着 1000 余处古文化遗址。历史上，奔腾不息的大江及河流密布的水网哺育了这里的人们，为他们的生活、生产、交通提供了极大便利。无论哪个朝代、哪个民族，沿江台地都是人们聚居生活的首要选择。从战国中后期巴国的几个都城——江州（今重庆主城）、垫江（今合川区）、平都（今丰都县）、阆中、枳（今涪陵区），到今天重庆、涪陵、万州、宜昌等区域政治、经济、文化中心的形成概莫如此。三峡聚落里的人们对江河的依赖程度很高，人们世代居住在空间有限的江边阶地，迄今发现的新石器时代以后的考古遗址大多分布在沿江二、三级阶地上。根据当代湖北秭归县城居民搬迁个案研究，在三峡地区移民搬迁前，居民地大多集中分布在海拔 100~700 米区域内，占居民地总面积近 70%。其规律是人口密度随海拔升高而降低[2]。阶地是河谷地带先民生活的最佳位置，被聚落地理学誉为"最具经济价值者……在小流域内的山麓缓坡面是最理想的选址条件"[3]。长江三峡两岸即为典型的河谷阶地，这里的人们自古便善于利用地理环境提供的便利。《汉书·沟洫志》中记载："古者立国居民，疆理土地，必遗川泽之分，度水势所不及。"[4]选择二、三级阶地建设聚落，说明三峡先民具有与世界大河流域共通的聪明才智，特别是对江水的深切认知。

在聚落对外交流方面，川东平行岭谷地区看似封闭，实则为东西交通、南北往来的枢纽地带。有学者将四川盆地的区位特征形象地以大写英文"ON——"来表示，"O"表示四川盆地这个内聚的圈，"N"的第一笔代表西面南北向的"藏彝走廊"，第二笔代表西北向东南斜贯的汉水，第三笔代表东面南北向的"随枣走廊"，表示与四方的沟通和交流，后面的破折号便代表东西贯通的长江[5]。长江三峡就是这个破折号的一段。自古以来四面八方的各种文化汇聚于此，互相融合，杂交优化。从族群角度观察，区域聚落是一个成分复杂的多族群混合体，分布在中国西南地区的氐羌、百越、苗瑶、百濮四大民族系统，在先秦时期巴文化中都可寻到他们的踪迹。从文物角度观察，无论成都平原三星堆文化的东下还是江汉平原楚文化的西进，都离不开三峡沿线聚落的中转和过渡。在其后的历史时期，物质、文化交流更为频繁，就如杜甫《夔州歌》中描述的"蜀麻吴盐自古通，万斛之舟行若风"。三峡突显长江"廊道"的功能，起到西串东联的作用。同时，自身也"孕育出丰富多彩而又独树一帜的航运文化"[6]。

2. 孙丽敏、张军、蒋涛：《三峡库区城镇居民地移民迁建分布规律的分析与应用》，《测绘科学》2006 年第 3 期。
3. 安虎森、李任钧：《韩国聚落地理学研究状况和趋势》，《人文地理》1998 年第 1 期。
4. ［东汉］班固：《汉书》，北京：中华书局，1964 年，第 1692 页。
5. 宋豫秦等：《中国文明起源的人地关系简论》，北京：科学出版社，2002 年，第 132 页。
6. 蓝勇：《历史上川江航运及其航运文化》，《光明日报》2023 年 10 月 9 日。

在聚落内部文化特色方面，对山和水的敬畏与崇拜是永恒主题。"洪水泡天"这一主题在几大文明区的神话传说中都可见到，中国有大禹治水的传说，《圣经》里有《创世纪》，以及印度人、古希腊人、中美洲玛雅印第安人的神话中都不乏其叙，《华阳国志·巴志》中亦描述了洪水时期长江上游巴蜀所在的梁州被大禹治理的情况："昔在唐尧，洪水滔天，鲧功无成。圣禹嗣兴，导江疏河，百川蠲修，封殖天下……以置九州。"[7]方志中还有禹生石纽（四川汶川）、禹娶涂山（重庆南岸）、禹葬会稽（浙江绍兴）等与4000年前长江洪水相关的典故。在三峡文物保护工作中，也确实发现了很多因洪水而由阶地搬迁至山岗的古聚落，如奉节老关庙遗址、云阳磐石城遗址等。

危崖高耸、云缠雾绕的三峡还产生了根植于巴人血脉中的巫文化。巴人崇虎、崇蛇、崇龟、崇鱼，为《汉书》记载的"信巫鬼，重淫祀"。今日的巫山、巫溪一带是巫文化的重要发源地，自古以来就以"巫"名郡名县，以"巫"名溪名山，巫风浓郁，传承数千年。玛雅文化中的高山崇拜和巴人"祭山拜树""以人祀虎"如出一辙；在印第安文化中有"战士变蛇"的故事，而在巴文化中有"巴蛇吞象"之说；女神传说几乎遍及所有大河流域，三峡有巫山神女，两河流域有伊南娜女神，印度河流域有伽摩女神，古埃及有伊西丝女神。这进一步表明不同文明区域之间由于相似地理环境而产生的文化共性。

二、三峡地区作为世界大河文明中少见的上游峡谷地带类型，也表现出种种个性化特征

首先，多样化环境组分为多种动物、植物提供了理想的生存、活动场所，也给包括早期人类在内的动物界提供了充足的食物和养分。加之不同高程的区域具有不同气候条件和植被特点，在寒冷和酷热等极端气候事件发生时，包括人类在内的动物界只需纵向移动便可躲避灾害，而不需要长途迁徙。这种资源条件为财富尚少的早期人类提供了相对稳定的家园。特别是在人类的早期阶段，作为南方喀斯特地貌典型发育地带，三峡地区自然生成的洞穴众多，为原始人群提供了天然的庇护所，建始人、巫山猿人等早期猿人在本区域发现绝非偶然。虽然当时没有形成聚落，尚未进入文明，但早期人类活动为后期聚落繁兴积累了经验，奠定了基础，形成了较其他区域更加悠远绵长的远古文化。

其次，多样化的环境组分又对文明的发展形成重重阻力。在地貌上，三峡地区缺乏开阔的平地，地形分割破碎，沟谷深切。海拔800米以下的区域，长江及支流所经之地形成

---

7. ［东晋］常璩：《华阳国志》卷一《巴志》，题襟馆藏清嘉庆十九年刻本。

了不少峡谷和宽谷，沿江两岸陡峻，地势异常逼窄，不适合人口聚集和聚落扩张；长江水道狭窄，水流湍急，两岸均为陡峭悬崖，很多地方行船艰难，既不便农耕也不便渔捞，加之枯、洪季节水位变化较大，聚落搬迁频繁，直接影响了聚落的发展。在地质上，三峡地区地质构造复杂，岩石的岩性多软弱、破碎，渝东北和鄂西地区位于大巴山、清江、铁峰山三个暴雨区，是山地灾害的常发区和重灾区，属于全国五大山地灾害分布区之一的秦岭大巴山山地灾害分布区，以及四川四大泥石流、滑坡区之一的盆地东部大暴雨山洪泥石流区。山洪、泥石流往往会冲毁人类聚落，带走土地中的肥料，进而影响聚落扩张与稳定，并促使人口迁徙，加剧贫困。在物种上，立体型气候和植被在带给三峡地区物种的多样性和高丰满度的同时，又极易造成生态系统的脆弱性，使得系统承载力失衡，会经常性造成系统内部物种与群落之间因竞争激烈而形成高频率、大幅度此消彼长，系统抗干扰能力差，且难于恢复，容易形成灾变性特点。自然资源的情况及本地人们的传统生业模式，对单位区域人口活动密度提出较多限定，自然会影响聚落规模及发育程度。

最后，交通方面也存在诸多不利因素。北纬30°线上少见如三峡这般崇山峻岭、水流急湍的人类聚落群。一方面是山高路险，蜀道难行，缺乏便于船舶停靠的天然大型港湾；另一方面，不稳定的地质结构造成山体滑坡常常堵塞河道，使得这里激流险滩众多，阻碍过往航行。清代洪良品《巴船纪程》云："俗呼蜀江为川河，川河多滩，亦多碛坝，舟行畏滩尤畏碛，以碛能搁舟，撞舟也。俗云软滩硬碛。"[8]《读史方舆纪要》云："蜀人谓平川为坝，碛坝亦川中多石者也。"[9]作为交通要道，古代三峡的通航能力并不强，《水经注》记载三峡夏季洪水季节"至于夏水襄陵，沿溯阻绝"[10]。明代宋应星《天工开物》记载，三峡"中夏至中秋川水封峡，则断绝行舟数月，过此消退，方通行来"[11]。甚至在现代航运进入三峡近一个世纪后的1980年葛洲坝蓄水前，在川江航道经历多次整治后，三峡每年洪水季节都要封航半个月左右。在水运条件极为不便的情况下，古人的通行之难可想而知，直接造成人口无法大规模聚集，物质流通不畅。

总之，自然伟力阻碍人类开拓的进程和聚落的发展，使得先秦时期三峡地区的聚落发育、发展要远落后于同一纬度线上的其他农耕文明带，考古所见三峡沿江聚落形态大多属于地理学中的"散村"范畴。白居易《初到忠州·登东楼》："山束邑居窄，峡牵气候偏"，是对唐以前三峡地区聚落状况的客观描述。关注三峡地区聚落形态的学者根据地理特征，将早期巴蜀地区的聚落文化冠以"坝子文化"的称谓，意指本地区的聚落遗存都分布在山

8. 薛新力：《巴渝古代要籍叙录》，郑州：中州古籍出版社，2008年，第140页。
9. ［清］顾祖禹：《读史方舆纪要》卷68，上海：商务印书馆，1937年，第2929页。
10. 薛新力：《巴渝古代要籍叙录》，第4页。
11. ［明］宋应星：《天工开物》中卷，上海：商务印书馆，1933年，第179页。

地和丘陵间的平坝与坡地上，一般地势不开阔，遗址规模不大，除了成都平原外，"他们三五成群、若即若离地沿着河谷成线状分布，大小搭配成聚落群"[12]。由于缺乏纵深，单个聚落面积不大，发育程度不高，缺乏高等级聚落，缺乏向文明迈进的实力，迄今发掘的先秦时期的考古材料中尚未发现如黄河流域、江汉平原那样的大规模中心聚落，也未见具备高度文明的古城、古国。体现在聚落文化上，则是尚未见到大型礼仪建筑，缺乏夏商时期的青铜重器，文字（记事符号）出现较晚。直至秦汉以后，在外来文化的强烈影响下，三峡文化才迅速融入华夏文化。

三、结　语

"文明，无论其范围广大还是狭小，在地图上总能找到它们的坐标，它们的本质特征取决于它们的地理位置所带来的局限或便利。"[13]纵观世界各地，在崇山峻岭、激流险滩兼具之处从来就没有出现过辉煌的古老文明。三峡地区地理环境对早期聚落文化造成重要影响，在某种程度上甚至可以说是决定性的，这里有着远古文化的繁荣，农耕时代和工业时代相对"滞后"。在信息化时代，作为"一带一路"的枢纽点，这里具备诸多其他发达城市所没有的环境优势和发展后劲。另一方面，农耕社会阶段或文明初期社会，一个地理环境受到山、水两方面阻碍与约束，却又与外界往来不断、接触甚多的区域，其形成的人地关系及文明进程又是学术研究的极佳样本。

---

12. 宋豫秦等：《中国文明起源的人地关系简论》，北京：科学出版社，2002 年，第 133 页。
13. ［法］费尔南·布罗代尔著，肖昶等译：《文明史纲》，桂林：广西师范大学出版社，2003 年，第 29 页。

从珠饰看汉代海上丝绸之路在
内地的延伸与辐射

——以湖南出土汉代宝玉石珠饰为中心[1]

喻燕姣　湖南博物院、科技考古与文物保护利用湖南省重点实验室
李青会　中国科学院上海光学精密机械研究所科技考古中心
刘　琦　湖南博物院、科技考古与文物保护利用湖南省重点实验室

珠子，主要指经人为加工后，其上有孔可穿绳系戴的串珠，器形以珠、管及其他可穿系组成串饰的珠子为主，如动物形珠、壶形珠、系领形珠等。这些珠子有装饰、表明身份等级、辟邪、象征财富等多重文化内涵。

湖南出土的汉代珠子数量非常多，材质非常广泛，有金、银、铜、骨、瓷、玻璃、玉、石、玛瑙、水晶、绿松石、琥珀、角、木、煤精等，且以长沙地区为大宗。西汉时期的珠子集中出土于大型的贵族墓葬中，以诸侯王室墓葬中出土的最为精美，材质、工艺、造型均属上乘。东汉时分布范围稍广，往往一个墓葬就出土十几件或几十件珠子，器形多样，以各种形制的珠、管及耳珰形（喇叭形管）、蹲伏的小动物形为多。在这些珠子中有大量玉髓、玛瑙、水晶、绿柱石、石榴子石、琥珀等宝玉石质地的外来珠子，总数数以千计[2]，通过分析这些珠子来源，我们发现湖南汉代宝玉石珠子与海上丝绸之路有极为重要的关系。

汉代"海上丝绸之路"是指正史《汉书·地理志》记载的、最早由官方开通的远洋贸易交通航线。该书记载："自日南（越南中部秋盆河谷的沙莹文化区）障塞、徐闻、合浦，船行可五月，有都元国（柬埔寨的吴哥博垒附近）；又船行可四月，有邑卢没国（指泰国中西部的班东达潘遗址一带）；又船行可二十余日，有谌离国；步行可十余日，有夫甘都卢国；

---

1. 本文系国家社科基金重大项目"汉代海上丝绸之路沿线国家考古遗存研究及相关历史文献整理（项目批准号：21ZD235）"阶段性成果。
2. 湖南省博物馆编，喻燕姣主编《湖南出土珠饰研究》附表，长沙：湖南人民出版社，2018年，第414~472页。

自夫甘都卢国，船行可二月余，有黄支国（今印度东南部泰米尔纳德邦的阿里卡梅度遗址附近），民俗与朱崖相类，其州广大，户口多，多异物。自武帝以来皆献见。有译长，属黄门，与应募者俱入海市明珠、璧流离、奇石异物，赍黄金杂缯而往。所至国皆禀食为耦，蛮夷贾船，转送致之。亦利交易，剽杀人。又苦逢风波溺死，不者数年来还，大珠至围二寸以下。平帝元始中，王莽辅政，欲耀威德，厚遗黄支王，令遣使献生犀牛。自黄支船行可八月，到皮宗；船行可八月，到日南、象林界云。黄支之南，有已程不国，汉之译使自此还矣。"[3]

"已程不国"为今斯里兰卡，主要港口在今曼泰。回程的"皮宗"，在马来西亚柔佛河上游和中游一带，其中心在后来作为柔佛王国都城的哥打丁宜。谌离国、夫甘都卢国是公元1世纪存在于泰国境内的两个古国，它们分别位于马来半岛克拉地峡的东侧和西侧（分别属泰国春蓬府和拉廊府境内）。克拉地峡是泰国湾和安达曼海的分界，最狭窄处只有50千米。从此处步行，从太平洋进入印度洋，比绕行马六甲海峡要方便很多。

上述这段文字详细记述了汉武帝至王莽辅政期间，汉王朝派遣使团携"黄金杂缯"到东南亚、南亚一带交换"明珠、璧流离、奇石异物（主要包括玻璃、水晶、石榴子石、绿柱石、肉红玉髓、缠丝纹玛瑙等珠子，今多发现于南方许多汉代墓葬之中）"的历史，可看到汉朝海上丝绸之路的贸易线路，即汉朝使者从合浦郡的徐闻、合浦两港启航，沿途经过越南南部、泰国—马来半岛、孟加拉湾，到达印度东海岸南部的"黄支国"和已程不国，采购宝石、珍珠、玻璃之后经南洋群岛返航。

该航线以商贸为主，也伴随着一系列文化交流及政府主导的朝贡和外交活动，对日后海上丝绸之路的延伸与扩大发展影响深远。在这条航线上，我们不仅可以看到传入中国内陆的大量海外珠饰，也可以看到零星的从中国输出的丝制品，如2001年在贸易沿线的斯里兰卡的Rambukkana发现一块中国丝绸。Rambukkana位于斯里兰卡的西南部，丝绸被发现于该地的Delivala Stupa遗址，用来包裹一个铜舍利塔，已经褪色，难以确定它的原始颜色，经碳十四年代测定，其年代为公元前2世纪[4]。斯里兰卡在汉代是海上丝绸之路的贸易中心，也是汉王朝、东南亚国家与罗马贸易的中转站，这块丝绸的发现为我们提供了重要的实物证据。另外，东南亚境内出土的铜镜、铜印章、陶器等汉式器物[5]，也是汉王朝与东南亚古国交往的重要见证。

---

3. [汉] 班固：《汉书·地理志》二十八卷下，北京：中华书局，1962 年，第 1671 页。

4. 查迪玛：《斯里兰卡藏中国古代文物研究》，山东大学博士学位论文，2011 年，第 113 页。

5. Murillo-barrosom, Khao Sam Kaeo, et al., An Archaeometallurgical Crossroads for Trans-asiatic Technological Traditions. *Journal of Archaeological Science*, 2010(37), pp.1761-1772; Belina B., et al., The Elopment of Coastal Polities in the Upper Thai-Malay Peninsula. In Revire, N. & Murphy, St.A. (Eds.), *Before Siam: Essays in Art and Archaeology*, Bangkok, Thailand: River Books, 2014, pp.68-89.

本文在简述湖南汉代几种宝玉石珠饰种类的基础上，探讨其来源，并通过这些珠饰看汉代海上丝绸之路在内地的延伸与辐射的问题。

一、玉髓、玛瑙珠饰

玉髓、玛瑙为石英质的隐晶质矿物。玉髓是石英隐晶质异种，多指具有单一颜色特征的玉髓，颜色有多种，常见有红玉髓、绿玉髓等。玛瑙是玉髓的变种，根据其颜色、纹理等特征亦可分为多种类型，如缠丝玛瑙（也称作条纹玛瑙、缟玛瑙，具有平行条带纹理结构）、苔纹玛瑙（具有树枝状纹理结构）等。

湖南汉墓出土有较多的玉髓经过改性后的红色多棱面体形、耳珰形、腰鼓形、橄榄形、扁圆形、系领形等珠管。红玉髓类珠饰是加热处理后的典型珠饰。通过对天然石英质珠饰加热，改变珠饰外观，使其呈现为橙色或橙红色[6]。多棱面体红玉髓珠管长沙汉墓出土最多，益阳、耒阳、泸溪、永州等地都有少量发现（图1）[7]。出土文物已表明，多棱面体红玉髓珠管广泛发现于海上丝绸之路沿线各地遗址，这种珠子使用的材料应该来自印度西北部[8]，在印度多地有发现，东南亚缅甸毛淡棉[9]、克拉地峡[10]、泰国中部[11]、泰国湾北班东达潘[12]、柬埔寨[13]、越南沙莹文化遗址[14]等地有不少出土，甚至菲律宾[15]、马来西亚[16]也有零星发现，是

6. Marian Domanski and John Webb, A Review of Heat Treatment Research. *Lithic Technology*, 2007, 32(2), pp.153-194.
7. 本文所引用湖南汉代珠饰图片和资料，均出自湖南省博物馆编，喻燕姣主编《湖南出土珠饰研究》，长沙：湖南人民出版社，2018年。
8. Insolla T., Polya D. A., Bhan K., et al., Towards an Understanding of the Carnelian Bead Trade from Western India to Sub-Saharan Africa: the Application of UV-LA-ICP-MS to Carnelian from Gujarat, India, and West Africa. *Journal of Archaeological Science*, 2004, 31, pp.1161-1173.
9. 李青会、左骏、刘琦等：《文化交流视野下的汉代合浦港》，南宁：广西科学技术出版社，2018年，第155~157页。
10. Bellina B., Maritime Silk Roads' Ornament Industries: Socio-political Practices and Cultural Transfers in the South China Sea. *Cambridge Journal of Archaeology*, 2014, 24(3), pp.345-377.
11. Rispoli F., Ciarla R., Pigott V. C., Establishing the Prehistoric Cultural Sequence for the Lopburi Region, Central Thailand. *Journal of World Prehistory*, 2013, 26, pp.101-171.
12. Glover I. C., Bellina B., Ban Don Ta Phet and Khao Sam Kaeo: the Earliest Indian Contacts Re-assessed. In Manguin P. Y., Mani A., Wade G., *Early Interactions between South and Southeast Asia: Reflections on Cross-cultural Exchange*, Singapore: Institute of Southeast Asian Studies, 2011, pp.17-46.
13. Reinecke A., Laychor V., Sonetra S., Prohear—An Iron Age Burial Site in Southeastern Cambodia: Preliminary Report after Three Excavations. In Tjoa-Bonatz M.L., Reinecke A., Bonatz D., *Crossing Borders: Selected Papers from the 13th International Conference of the European Association of Southeast Asian Archaeologists*, Singapore: NUS Press, 2012, pp.268-284.
14. Lam Thi My Dzung, Sa Huynh Regional and Inter-regional Interactions in the Thu Bon Valley, Quang Nam Province, Central Viet Nam. *Bulletin of the Indo-Pacific Prehistory Association*, 2009, 29, pp. 68-75.
15. Fox R.B., The Tabon Caves: Archaeological Explorations and Excavations on Palawan Island, Philippines. *Manila National Museum*, 1970, p.141.
16. Ramli Z., Shuhaimi N. H., Rahman N. A., Beads Trade in Peninsula Malaysia: Based on Archaeological Evidences. *European Journal of Social Sciences*, 2009, 10(4), pp.585-593.

a: 西汉红玉髓珠，1959 年长沙林子冲 M2 出土，湖南博物院藏

b: 西汉红玉髓珠，1985 年永州零陵区黄古山路出土，永州市博物馆藏

c: 西汉红玉髓珠，1997 年泸溪浦市镇桐木坑村桐木垅墓群 97LPTM69 出土，泸溪县文物管理局藏

d: 东汉红玉髓珠，1977 年益阳赫山庙 M42 出土，益阳市博物馆藏

图 1　多棱面体红玉髓珠管

一种具有明显贸易色彩的珠饰。传入中国后，广州汉墓[17]、合浦汉墓[18]、湖南汉墓[19]有大量出土，江苏[20]、河南[21]、河北[22]、陕西[23]、安徽[24]等也有零星出土。

　　还有一类扁圆珠形的红玉髓珠，数量也较多，表面或粗糙，或光滑，多出土于长沙，益阳、张家界、郴州、耒阳等地也有出土（图 2）。它们多见于公元 1~3 世纪海上丝绸之路

17. 广州市文物考古研究院：《广州出土汉代珠饰》，北京：科学出版社，2020 年。本文引用的广州汉代珠子资料，均出自此书，下文不再标注。

18. 熊昭明：《汉代合浦港考古与海上丝绸之路》，北京：文物出版社，2015 年。本文引用的广西合浦汉代珠子资料，均出自此书，下文不再标注。

19. 湖南省博物馆编，喻燕姣主编《湖南出土珠饰研究》，长沙：湖南人民出版社，2018 年。

20. 南京博物院、盱眙县博物馆：《江苏盱眙东阳汉墓群 M30 发掘简报》，《东南文化》2013 年第 6 期，该墓群出土有多棱面的玛瑙、水晶珠，缠丝纹玛瑙管及多件紫晶、玻璃辟邪形珠；扬州博物馆：《江苏邗江姚庄101 号西汉墓》，《文物》1988 年第 2 期。

21. 潘付生：《洛阳纱厂路西汉大墓出土的玉器》，《大众考古》2021 年第 3 期，该墓出土的红色球形玛瑙珠和短六棱双锥水晶为典型的海上丝绸之路珠饰；河南省文物局南水北调办公室、河南省文物考古研究所、平顶山市文物管理局：《河南郏县黑庙 M79 发掘简报》，《华夏考古》2013 年第 1 期，该墓出土有缠丝纹玛瑙珠、多棱面体红玛瑙、水晶珠管。

22. 中国社会科学院考古研究所、河北省文物管理处：《满城汉墓发掘报告（上）》，北京：文物出版社，1980 年，第 245 页。

23. 姚玲玲：《丝路贸易的历史见证——咸阳马泉汉墓出土的珠宝串饰》，《文物鉴定与鉴赏》2018 年第 7 期；陕西省考古研究院：《陕西西安西咸新区西石羊汉墓发掘简报》，《文博》2020 年第 6 期。

24. 安徽省文物工作队、芜湖市文化局：《芜湖市贺家园西汉墓》，《考古学报》1983 年第 3 期。该墓出土有红色玛瑙珠、多棱面体玛瑙珠管。

a: 东汉红玉髓珠串，1955年长沙丝茅冲EM009出土，湖南博物院藏

b: 西汉红玉髓珠，1954年长沙斩犯山M005出土，湖南博物院藏

c: 东汉红玉髓珠，1985年益阳赫山庙工地出土，益阳市博物馆藏

d: 东汉红玉髓珠，1986年张家界永定区岩塔DSHM11出土，张家界市永定区博物馆藏

e: 东汉红玉髓珠，2004年郴州家具厂工地M1出土，郴州市博物馆藏

f: 汉代红玉髓珠串、瓷珠串饰，1955年耒阳野鹅塘工地BM016出土，湖南博物院藏

图2　扁圆形红玉髓珠

沿线国家，越南南部、柬埔寨、泰国非常常见。广东、广西、湖南汉墓出土数量也较多，河南、陕西、安徽等很多省份都有一些发现[25]。

此外，红玉髓的耳珰形珠、系领形珠、腰鼓形珠、橄榄形珠在湖南都有出土，数量最多的为耳珰形珠，其他数量相对较少（图3）。这类珠子在广西合浦、广州汉墓均有较多发现。

湖南出土的汉代玛瑙珠中，有100多件为黑白相间、褐白相间圈带纹的玛瑙珠管，考古报告中多称之为"缠丝玛瑙"，多呈腰鼓形，少量呈圆柱形、蚕蛹形，圈带纹为玛瑙的天然纹带。主要出土于长沙，仅1959年长沙五一路M9就出土一串38件[26]，永州、郴州、常德、益阳也有少量发现（图4）。这种珠子的贸易范围及在欧亚大陆上的分布皆非常广泛，

25.湖北文理学院襄阳及三国历史文化研究所、河南省文物局南水北调中线管理办公室、岳阳市文物考古研究所：《河南淅川李沟汉墓发掘报告》，《考古学报》2015年第3期，该墓出土有红色玉髓珠；安徽省文物工作队、芜湖市文化局：《芜湖市贺家园西汉墓》，《考古学报》1983年第3期；河南省文物考古研究所、永城市文物旅游管理局编《永城黄土山与酂城汉墓》，郑州：大象出版社，2010年。

26.湖南省博物馆编，喻燕姣主编《湖南出土珠饰研究》，长沙：湖南人民出版社，2018年，第158页。

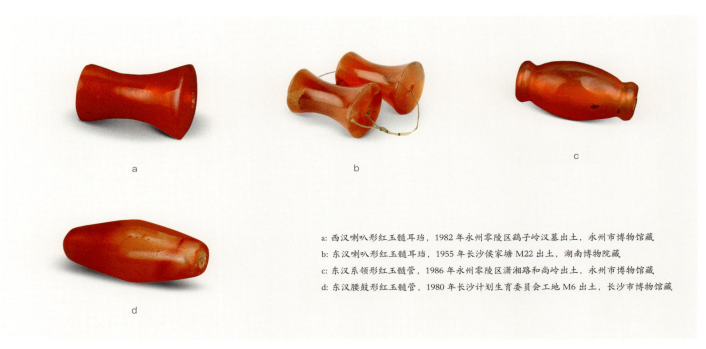

a: 西汉喇叭形红玉髓耳珰，1982 年永州零陵区鹞子岭汉墓出土，永州市博物馆藏

b: 东汉喇叭形红玉髓耳珰，1955 年长沙侯家塘 M22 出土，湖南博物院藏

c: 东汉系领形红玉髓管，1986 年永州零陵区潇湘路和尚岭出土，永州市博物馆藏

d: 东汉腰鼓形红玉髓管，1980 年长沙计划生育委员会工地 M6 出土，长沙市博物馆藏

图 3　其他形制的红玉髓珠管

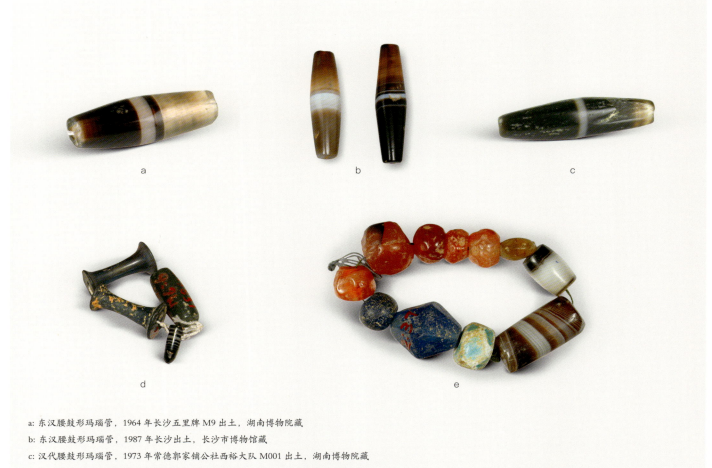

a: 东汉腰鼓形玛瑙管，1964 年长沙五里牌 M9 出土，湖南博物院藏

b: 东汉腰鼓形玛瑙管，1987 年长沙出土，长沙市博物馆藏

c: 汉代腰鼓形玛瑙管，1973 年常德郭家铺公社西裕大队 M001 出土，湖南博物院藏

d: 东汉玻璃、玉、蚕蛹形玛瑙珠串饰，1959 年长沙五一路 M6 出土，湖南博物院藏

e: 汉代圆柱形玛瑙、玻璃珠等串饰，1952 年长沙蓉园魏家冲汉墓出土，湖南博物院藏

图 4　缠丝纹玛瑙珠管

具体的制作地点尚不完全清楚，应该有多个制作中心。在俄罗斯乌拉尔山南麓[27]、黑海北岸[28]、地中海地区、中东伊朗北部[29]、印度西北部至巴基斯坦北部一线[30]，以及恒河河口[31]、蒙古高原边缘[32]、东南亚[33]等地都有大量发现，并通过海路传入中国两广，在合浦和广州也有大量出土。传入湖南后，又向内陆其他地方流传，江西(如海昏侯汉墓)[34]、江苏(如广陵国故地汉墓)[35]、河南[36]、新疆[37]、内蒙古[38]、云南[39]等多个省份的汉墓均有这种珠子出土。可以看出，这种珠子在北方陆地丝绸之路、南方海上丝绸之路和西南丝绸之路沿线都有，贸易特征明显。湖南尤其是长沙或许是多条贸易道路的交汇点，但更重要的是，其为海上丝绸之路向内陆进发的重要中转站。

　　湖南目前还发现2件蚀花玉髓珠，一件为红玉髓蚀花珠(图5)，长2.1、直径0.7厘米，1978年长沙杨家山M131出土[40]，器表装饰有鱼纹、"卍"字纹、婆罗门教的祭坛纹等。其表面装饰图案与合浦望牛岭M11出土的蚀刻玉髓管(图6)[41]十分相似。红玉髓材质的白色线条蚀刻珠，其蚀刻技术起源于印度河谷[42]，公元前4世纪左右在东南亚蓬勃发展。这枚珠子上有明显的宗教符号痕迹，祭坛符号曾经在斯里兰卡的银币上出现过[43]，鱼纹和"卍"字纹的组合很多，纹饰和材质非常类似的珠子，曾发现于泰国南部三乔山遗址(图7)[44]。越南隆安省新安市

27. Anikeeva O. V., *Regularities of Emergence of the Composition of Bead Sets from Burials of the Early Nomads of South Ural (the late VIth — II centuries B.C.)*. Материалы IX Международной научной конференции "Проблемы сарматской археологии и истории", посвященной 100-летию со дня рождения Константина Федоровича Смирнова: сборник статей. Институт археологии РАН, ФГБОУ ВПО «Оренбургский государственный педагогический университет», Оренбургский губернаторский историко-краеведческий музей. 2016, 21-31.

28. Алексеева Е.М., Античные бусы Северного Причерноморья. СДИ. Г1-12.М., 1962.С.20. Табл. 36, 31, 33.

29. Dubin L. S., *The History of Beads: From 100000B.C. to the Present*. Harry N., Abrams, 2009, pp.65-78, 201-222.

30. Beck H. C., The Beads from Taxila (*Memoirs of the Archaeological Survey of India* No.65). Manager of Publications, New Delhi: The Director General Archaeological Survey of India Janpath, 1999, p.46.

31. Jahan S.H., Archaeology of Wari-Bateshwar. *Ancient Asia*, 2010(2), pp.135-146.

32. 潘玲：《西沟畔汉代匈奴墓地四号墓的年代及文化特征再探讨》，《华夏考古》2004年第2期。

33. Higham C. F. W., Kijngam A., *The Origins of the Civilization of Angkor, Vol. VI—the Excavation of Ban Non Wat: The Iron Age, Summary and Conclusions*. Bangkok: The Fine Arts Department, 2012.

34. 江西省文物考古研究所、厦门大学历史系：《江西南昌海昏侯刘贺墓出土玉器》，《文物》2018年第11期。

35. 扬州博物馆：《江苏邗江姚庄101号西汉墓》，《文物》1988年第2期。

36. 河南省文物局南水北调办公室、河南省文物考古研究所、平顶山市文物管理局：《河南郏县黑庙M79发掘简报》，《华夏考古》2013年第1期，该墓出土有缠丝纹玛瑙珠、多棱面体红玛瑙、水晶珠管；黄河水库考古工作队：《河南陕县刘家渠汉墓》，《考古学报》1965年第1期。

37. 新疆社会科学院考古研究所：《帕米尔高原古墓》，《考古学报》1981年第2期；新华时政：《新疆帕米尔高原吉尔赞喀勒黑白石条古墓群探秘》，新华网2013年6月15日。

38. 潘玲：《西沟畔汉代匈奴墓地四号墓的年代及文化特征再探讨》，《华夏考古》2004年第2期；朱晓丽：《中国古代珠子》，南宁：广西美术出版社，2013年，第173页。

39. 古方主编《中国出土玉器全集·云南 贵州 西藏》(第12卷)，北京：科学出版社，2005年，第106、113、118页。

40. 湖南博物院提供资料。

41. 广西文物保护与考古研究所蒙长旺先生提供图片。

42. 赵德云：《中国出土的蚀花肉红石髓珠研究》，《考古》2011年第10期。

43. John Still, Some Early Copper Coins of Ceylon. *The Journal of the Ceylon Branch of the Royal Asiatic Society of Great Britain &Ireland*, Vol. 19, No. 58 (1907), pp.199-215.

44. Bérénice Bellina, Maritime Silk Roads'Ornament Industries: Socio-political Practices and Cultural Transfers in the South China Sea. *Cambridge Archaeological Journal*, 2014, 24(03), pp.345-337.

图 5　长沙杨家山 M131 出土红玉髓蚀花管　　　　图 6　合浦望牛岭 M11 出土红玉髓蚀花管

图 7　泰国克拉地峡三乔山　　　　图 8　越南隆安省新安市博物馆　　　　图 9　西汉蚀花玉髓珠（1975 年长沙咸
　　　铁器时代遗址出土珠子　　　　　　　　藏蚀花玉髓珠　　　　　　　　　　　家湖曹嬛墓出土，长沙市博物馆藏）

博物馆也收藏一件扶南文化的蚀花珠（图 8）[45]，长 5.3、直径 2 厘米。图案是两个不同的非对称的植物，两端还有两条边界线。珠子的蚀花线条画得不直，有些部分还被污染了。这些珠子似乎在制作过程中加热过度，材料有些变质，矿石表面出现了一些裂纹，有些部位也因此变成了暗灰色。通过分析工艺和绘图风格，认为这些珠管甚至可能出自同一个工坊。由此，我们也可以明确知道，长沙杨家山 M131 出土的蚀花红玉髓珠为典型的舶来品。此外，在黑色玉髓珠表面蚀白色 "卍" 字纹的还见于越南的隆安、泰国的宽罗克帕[46]。

　　另一件被学者公认的蚀花玉髓珠（图 9），是用一种特殊的腐蚀方法制作而成，来自域外，与早期的中外文化交流有关[47]。笔者曾对之有过粗浅论述[48]。东南亚发现的蚀刻玉髓珠分布在泰国全境、越南南部、缅甸、马来西亚、菲律宾等地。我国境内发现的这种玉髓珠管较少，以汉代的港口城市合浦、广州港出土相对较多，应为海外输入之物。从玉髓蚀刻珠的发展历史来看，在其早期和中期阶段[49]，印度都是主要的生产基地[50]。

45. Andreas Reinecke, Pieere-Yves Manguin, Kerry Nguyen Long, Nguyen Dinh Chien. *Arts of Ancient Viet Nam from River Plain to Open Sea*. Huston: Asia Society, The Museum of Fine Arts, 2010, p.121.

46. [英] 伊恩·格拉佛、[加] 海伦·休斯布罗克等著，李钰、韩牧哲等译：《珠史拾遗》，北京：中国文联出版社，2022 年，第 237 页。

47. 作铭：《我国出土的蚀花的肉红石髓珠》，《考古》1974 年第 6 期。

48. 喻燕姣、戴君彦：《解析西汉长沙国王后曹嬛墓天珠的蚀花工艺与受沁现象》，杨建芳师生古玉研究会玉文化论丛系列之八《玉文化论丛》（八），（台湾）众志美术出版社，2022 年。

49. 英国学者培克（Horace C. Beck）所指的早期是公元前 2000 年以前（相当于中国夏代以前），中期是公元前 300 年至公元 200 年（相当于中国战国晚期、秦汉时期）。Horace C. Beck, Etched Carnelian Beads. *The Antiquaries Journal*, vol.13, Issue 1, 1933.

50. 熊照明、李青会：《广西出土汉代玻璃器的考古学与科技研究》，北京：文物出版社，2011 年，第 171 页。

二、水晶珠饰

水晶为显晶质石英质矿物，根据颜色特征，常见水晶可划分为无色透明水晶（也称白水晶）、紫水晶、黄水晶、茶晶等。水晶珠管在湖南汉墓出土较多，多为白色，次为紫色，少量黄水晶，也以长沙出土数量最多，永州、衡阳、常德、益阳、湘乡、张家界都有出土（图10）。形状有六方双锥形、六棱柱形、扁平六方桶形、球形、椭圆球形、圆柱形、瓜棱形、海螺形、小龟形、小兽形、系领形、不规则形等。它们广泛发现于印度南部、孟加拉恒河三角洲、泰国南部、越南南部以及中国广东、广西，是典型贸易珠。江西、江苏、河南、陕西等多个省份都有发现。

多棱面体水晶珠（图10-a、b、c）是一类典型的海丝风格珠饰，为舶来品。发现地点主要集中在我国南方地区，北方及西北地区少有发现。从数量特征上来说，岭南地区数量最多，其次是湖南地区，其他各地均为零星发现，具有从南到北递减的趋势，表明此类珠饰是从岭南地区，经过湖南，向周边地区进行传播，岭南地区与湖南地区存在密切联系。

a

b

c

d

e

f

a: 西汉多棱面体水晶珠，1985年永州零陵区黄古山路出土，永州市博物馆藏

b: 东汉水晶珠，1981年长沙袁家岭友谊商店M24出土，长沙市博物馆藏

c: 汉代紫水晶珠，1986年张家界永定区三角坪武陵大学墓DSM119出土，张家界市永定区博物馆藏

d: 东汉水晶珠，1978年长沙妹子山M17出土，湖南博物院藏

e: 东汉水晶珠，1992年郴州下湄桥大理石厂工地M2出土，郴州市博物馆藏

f: 汉代紫水晶珠，1996年长沙芙蓉路解放路工程M7出土，长沙市文物考古研究所藏

图10　各种形制的水晶珠饰

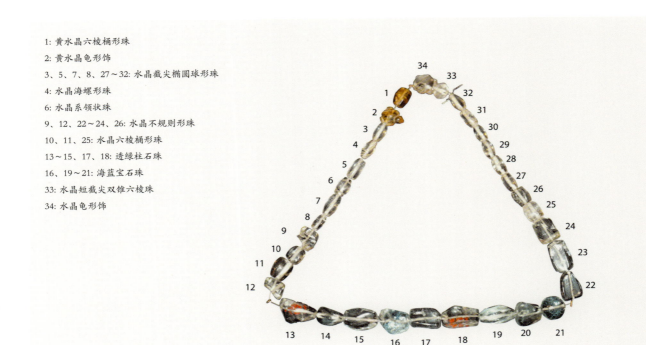

1: 黄水晶六棱桶形珠

2: 黄水晶龟形饰

3、5、7、8、27～32: 水晶截尖椭圆球形珠

4: 水晶海螺形珠

6: 水晶系领状珠

9、12、22～24、26: 水晶不规则形珠

10、11、25: 水晶六棱桶形珠

13～15、17、18: 透绿柱石珠

16、19～21: 海蓝宝石珠

33: 水晶短截尖双锥六棱珠

34: 水晶龟形饰

图 11　水晶、绿柱石珠串饰

　　湖南出土的水晶珠有几件形制较为特别，也是从海外输入进来的。如 1959 年长沙五里牌 M9 东汉墓出土一串水晶、绿柱石珠串饰共计 34 枚（编号 9891）[51]，水晶有无色透明的白水晶和黄水晶，形状有截尖椭圆球形、短截尖双锥六棱形、六棱桶形、球形透镜状、不规则形、龟形、系领形和海螺形等形制（图 11）。类似图 11-2 和图 11-34 的宝石材料龟形饰也见于江苏盱眙东阳金马高速 M30 东汉墓（紫水晶）[52]，合浦环城乡红岭头 M3（绿玉髓）[53]，克拉地峡两侧的泰国三乔山、差那港（紫水晶等）[54]，缅甸[55]，印度南部，巴基斯坦塔克西拉达磨拉吉卡（Dharmarajika）佛塔（石榴子石质）[56] 等地。这类龟形饰个体较小，外形立体饱满，雕刻简练抽象，穿孔一般位于龟身横腰处，器物类型学上的同源性明显，而与中国传统的龟形玉佩区别较大，应属舶来品。

51. 喻燕姣、段晓明、王卉等：《长沙五里牌东汉墓出土宝石珠饰与古代海上丝绸之路中外交流》，《宝石和宝石学杂志（中英文）》2022 年第 24 卷第 6 期（总第 114 期）。

52. 李则斌、陈刚、韩建立等：《江苏盱眙东阳汉墓群 M30 发掘简报》，《东南文化》2013 年第 6 期。

53. 叶吉旺、李青会、刘琦：《珠光琉影——合浦出土汉代珠饰》，南宁：广西美术出版社，2018 年，第 214 页。

54. 班查·彭帕宁著，林景玟译：《一定要收藏的古珠·天珠珍贵图鉴》，新北市维他命文化，2013 年。

55. Tan T., *Ancient Jewellery of Myanmar: From Prehistory to Pyu Period*.Yangon: Mudon Sar Pae Publishing House, 2015.

56. Beck H. C., The Beads from Taxila (*Memoirs of the Archaeological Survey of India* No.65). Manager of Publications, New Delhi: The Director General Archaeological Survey of India Janpath, 1999, p.56.

类似图11-6的宝石材料系领形珠也曾出土于永州零陵区和尚岭（见图3-c），多见于合浦汉墓，如环城镇凸鬼岭康宝饲料厂M1、环城镇北插江第二麻纺厂M27、环城镇凸鬼岭汽齿厂M30B、环城乡五旗岭M3、合浦县机械厂M1、环城公社文昌塔生资仓M1、合浦县氮肥厂M1和合浦县风门岭麻纺厂M4等墓葬[57]，这种珠饰主要出土于印度铁器时代遗址[58]及泰国、越南[59]同时期墓葬，也是一种典型的舶来品。

图11-4海螺形水晶珠，以阴刻槽线勾勒右旋螺塔，珠体纵轴直穿孔。汉代海螺形珠饰极为少见，在印度文化中海螺却占有重要地位，是印度教神灵毗湿奴的象征物之一[60]，在佛教文化中，是"八吉祥"符号之一。缅甸也出土过一些铁器时代的被雕刻成海螺形的玛瑙珠和红玉髓珠[61]。由于海螺珠饰多见于南亚和东南亚，与该器物同时出土的其他珠饰应是海上丝绸之路贸易交流来的舶来品，故推测该海螺形水晶珠饰应系域外传入。

施蓝釉水晶质狮形微雕珠饰（图12），长1、宽0.4、高0.6厘米，1975年长沙火车站汉墓出土。呈圆雕兽形，个体细小，体扁平较薄，外观呈狮形，蹲伏状，胸部横向穿孔，双耳立起，双目凸出，下肢略有残损。阴刻沟槽内，以及臀部表面局部附着有浅蓝色透明至半透明的玻璃状釉料，已有明显的龟裂，边缘有土黄色附着物，大部分釉料或已脱落。这件施蓝釉的水晶小兽为目前国内罕见，其造型与中国传统的卧兽圆雕有很大区别，却与塔克西拉出土的施蓝色釉水晶兽形微雕珠饰有相似之处[62]，推测这件微雕珠饰应是来自异域的舶来品。

图12　施蓝釉水晶质狮形微雕珠饰

三、绿柱石矿物珠饰

绿柱石为铍铝硅酸盐矿物，因形成条件不同，所含不同致色离子而呈现多种颜色，根据宝石命名方法，翠绿色者称祖母绿（Emerald），浅蓝色者称海蓝宝石（Aquamarine），金黄色者称金绿

57. 叶吉旺、李青会、刘琦：《珠光琉影——合浦出土汉代珠饰》，南宁：广西美术出版社，2018年。

58. Francis P., Collar Beads: A New Typology and a New Perspective on Ancient Indian Beadmaking. *Bulletin of the Deccan College Research Institute*, 1986(54), pp.117-121.

59. Dzung L. T. M., Sa Huynh Regional and Inter-regional Interactions in the Thu Bon Valley, Quang Nam Province, Central Vietnam. *Bulletin of the Indo-Pacific Prehistory Association*, 2009(29), pp.68-75.

60. [英] 伊恩·格拉佛、[加] 海伦·休斯布罗克等著，李钰、韩牧哲等译：《珠史拾遗》，北京：中国文联出版社，2022年，第265页。

61. [英] 伊恩·格拉佛、[加] 海伦·休斯布罗克等著，李钰、韩牧哲等译：《珠史拾遗》，第266页。

62. Beck H. C., The Beads from Taxila (*Memoirs of the Archaeological Survey of India* No.65). Manager of Publications, New Delhi: The Director General Archaeological Survey of India Janpath, 1999.

a: 西汉海蓝宝石珠、管，2008~2009年长沙谷山被盗西汉长沙王室墓M7出土，长沙市文物考古研究所藏
b: 汉代系领形海蓝宝石珠、扁平方形海蓝宝石珠，1975年长沙火车站汉墓出土，湖南博物院藏
c: 汉代海蓝宝石珠，1978年长沙杨家山汉墓M131出土，湖南博物院藏

图13 各种形制的海蓝宝石珠饰

柱石（Heliodor），无色透明者称透绿柱石（Goshenite），粉红色者称摩根石（Morganite）。湖南珠饰中目前经过检测已确认的绿柱石矿物有海蓝宝石、透绿柱石。海蓝宝石多见于合浦汉墓，广州汉墓有零星出土，湖南汉墓出土的已公布资料的有20多件，主要见于长沙地区（图13），仅2008~2009年长沙谷山被盗西汉长沙王室墓M7就出土有15件之多，有圆球形、椭圆球形、不规则圆柱形等。前文所述长沙五里牌M9东汉墓出土的水晶、绿柱石珠串饰中（见图11），有9件绿柱石族的海蓝宝石和透绿柱石，其中图11-16、19、20、21为海蓝宝石珠，图11-13、14、15、17、18为透绿柱石。

1975年长沙火车站汉墓出土一件系领形海蓝宝石珠（图13-b），珠体长矩形，四边不清晰，两头略缩，口孔平，两端口孔边缘处各有横向的阴刻槽，并环绕珠体一周呈领，穿孔沿长轴纵穿，两头对直穿系，一头较深，孔道相通，但并未完全对齐。

海蓝宝石等制品多发现于西汉中晚期或之后的汉墓中，如海蓝宝石、透绿柱石和金绿柱石珠饰曾出土于广西合浦黄泥岗1号墓、北插江盐堆1号墓、凸鬼岭汽齿厂17号墓、凤门岭10号墓等[63]，广州汉墓M4013、M5001、M3028、2003GXBGM8、2010GXDM6及2014GHTM16等墓葬亦有不规则形或六棱柱形的海蓝宝石珠饰出土。此外，长沙谷山长沙

---

63. 熊昭明：《汉代合浦港考古与海上丝绸之路》，北京：文物出版社，2015年。

王室墓M7出土的15件浅蓝色透明硬石质珠饰亦应为海蓝宝石制作。从时间上来说，中国境内出土的绿柱石珠饰始见于西汉中晚期墓葬中，并多集中发现于新莽至东汉时期墓葬；而从地域分布来说，绿柱石珠饰明显集中出土于长江以南地区。

现代海蓝宝石、透绿柱石等宝石原料主要来自巴基斯坦斯瓦特河谷[64]、印度南部[65]、越南[66]、缅甸[67]以及中国新疆[68]、云南[69]、湖南[70]等地，但大部分产地并无古代开采利用的相关证据。根据古代文献记载，位于印度南部Valavaya山脉旁的古城Vidura，于公元前500年左右已成为宝石开采和加工中心，有研究认为Beryl（绿柱石）一词最初即源自该古城的名字[71]，故一般认为古代南亚和东亚地区的出土绿柱石制品的原料可能来源于印度南部地区。

自印度列国时代（Mahajanapada，约公元前600~前300年）后，原产于印度德干高原南侧的绿柱石制品开始在南亚次大陆北方地区流行，并作为豪华饰品在佛陀时代受到追捧，在塔克西拉[72]、皮帕日瓦（Piprahwa）[73]等地，包括海蓝宝石等各类珠饰被置于舍利函内部瘗埋于窣堵坡中心，或存放在圣物匣中并置于塔内各处。印度南部库都马纳地区于铁器时代早期使用包括海蓝宝石在内的宝石材料制作各类珠饰[74]，印度西南部的帕图南遗址[75]、东南部的奥迪沙（Odisha）遗址[76]等地都有铁器时代中晚期珠饰生产制作遗存，并出土有包括海蓝宝石在内的珠饰成品、半成品及原料料块。随着铁器时代印度珠饰制造工匠、制造技术和宝石原材料的流动，中南半岛的克拉地峡地区于公元前4世纪后成为新的手工业生产

64. Badar M. A., Hussain S., Niaz S., et al., X-ray Diffraction Study of Aquamarine from Shigar Deposits, Skardu Valley, Northwest Pakistan. *International Journal of Economic and Environmental Geology*, 2017, 8(4), pp.33-40.

65. Santosh M., Collins A. S., Gemstone Mineralization in the Palghat-Cauvery Shear Zone System (Karur-Kangayam Belt), Southern India. *Gondwana Research (Gondwana Newsletter Section)*, 2003, 6(4), pp.911-918.

66. Huong L.T-T., Hofmeister W., Häger T., et al., Aquamarine from the Thuong Xuan District, Thanh Hoa Province, Vietnam. *Gems and Gemology*, 2011, 47(1), pp.42-48.

67. Kyi U. H., Themelis T., Thu U. K., The Pegmatitic Gem Deposits of Molo (Momeik) and Sakhan-Gyi (Mogok). *The Australian Gemmologist*, 2005, 22(7), pp.303-309.

68. 周天怡、陈衍景、张辉：《新疆阿尔泰伟晶岩中绿柱石拉曼光谱特征研究——以可可托海3号脉与阿祖拜328、528号脉为例》，《岩石矿物学杂志》2014年第33卷第2期。

69. 施加辛：《云南部分海蓝宝石晶体特征》，《宝石和宝石学杂志（中英文）》2015年第17卷第4期。

70. 丁子龙、姜颖、俞浪等：《湖南仁里海蓝宝石的谱学特征研究》，《世界有色金属》2022年第6期。

71. Biswas A. K., Vaidūrya, Marakata and Other Beryl Family Gem Minerals: Etymology and Traditions in Ancient India. *Indian Journal of History of Science*, 1994(29), pp.139-152.

72. Uesugi Akinori, Rienjang Wannaporn Kay, Stone Beads from Stupa Relic Deposits at the Dharmarajika Buddhist Complex, Taxila. *Gandhāran Studies*, 2018, vol.11.

73. Peppé W., Smith V., The Piprāhwā Stūpa, Containing Relics of Buddha. *Journal of the Royal Asiatic Society*, 1898, 30(3), pp.573-588.

74. Kelly G. O., Heterodoxy, Orthodoxy and Communities of Practice: Stone Bead and Ornament Production in Early Historic South India(c. 400 BCE-400 CE). *Archaeological Research in Asia*, 2016(6), pp.30-50.

75. Cherian P. J., Menon J., *Unearthing Pattanam—Histories, Cultures, Crossings*. New Delhi: National Museum, 2014.

76. Behera P., Hussain S., Early Historic Gemstone Bead Manufacturing Centre at Bhutiapali, the Middle Mahanadi Valley, Odisha. *Heritage*: *Journal of Multidisciplinary Studies in Archaeology*, 2017:5, pp.269-282.

基地[77]，海蓝宝石珠饰原材料、半成品及成品多有出土，且风格形制、抛光工艺和打孔特征均与华南汉墓所出器物高度相似[78]。由此可以确定，湖南出土的汉代绿柱石矿物珠饰毫无疑问来自海外。

四、石榴子石珠饰

石榴子石珠是海上丝绸之路贸易的一类重要的半宝石珠饰，湖南汉墓也有，但出土较少（图14）。虽然我国也是石榴子石的主要产地，但在汉代及更早时期，印度和斯里兰卡是石榴子石加工的重要地区。印度石榴子石不仅向东方贸易，也广泛传播到乌拉尔山南麓及地中海地区。泰国南部、柬埔寨、越南也常见。我国广西、广东等岭南地区出土石榴子石珠较多，也是通过丝绸之路传入的[79]。

图14 东汉石榴子石珠（1955年耒阳营建工地 BM017 出土，湖南博物院藏）

五、琥珀珠饰

琥珀是一种有机宝石，它是松柏科植物树脂经过地质作用后形成的有机化合物的混合物。湖南汉墓出土的琥珀珠饰数量较多，有珠、管、胜形佩、耳珰形佩、印章形佩、蚕蛹形佩、甲虫形佩及一定数量的狮、虎形小兽，小龟，小羊，小鸟等动物形饰（图15）。

琥珀狮、虎形小兽最多，有30多件[80]，大部分在长沙出土，均雕琢大致轮廓，仅以数刀勾勒出兽的眼、鼻和四肢，均为圆雕，造型较简单，个体较小，颈部或身体上有一穿孔，小巧玲珑。这些琥珀珠饰大部分因风化氧化呈现松散的颗粒结构，表面很多裂纹，保存状况不好。但长沙谷山被盗西汉王室墓[81]中出土一对琥珀小虎形佩保存状况非常好，透明度高（图16）。

77. Bellina B., Maritime Silk Roads' ornament industries: Socio-political Practices and Cultural Transfers in the South China Sea. *Cambridge Archaeological Journal*, 2014, 24(3), pp.345-377.

78. 刘珺、刘琦、刘松等：《泰国铁器时代宝石珠饰的科学研究》，《宝石和宝石学杂志（中英文）》2020年第22卷第1期。

79. 熊昭明、李青会：《广西出土汉代玻璃器的考古学与科技研究》，北京：文物出版社，2011年，第167页。

80. 湖南省博物馆编，喻燕姣主编《湖南出土珠饰研究》图版与附表，长沙：湖南人民出版社，2018年。

81. 长沙市文物考古研究所：《长沙"12·29"古墓葬被盗案移交文物报告》，《湖南省博物馆馆刊》第六辑，长沙：岳麓书社，2010年。

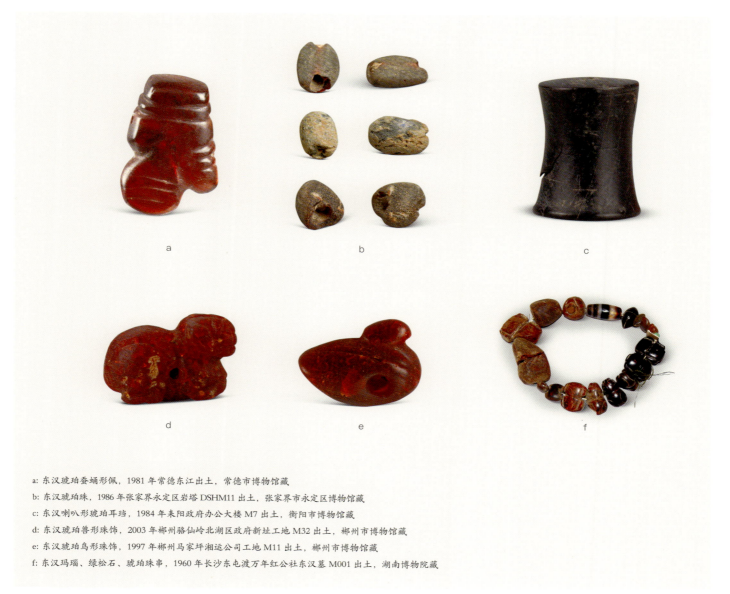

a: 东汉琥珀蚕蛹形佩，1981 年常德东江出土，常德市博物馆藏

b: 东汉琥珀珠，1986 年张家界永定区岩塔 DSHM11 出土，张家界市永定区博物馆藏

c: 东汉喇叭形琥珀耳珰，1984 年耒阳政府办公大楼 M7 出土，衡阳市博物馆藏

d: 东汉琥珀兽形珠饰，2003 年郴州骆仙岭北湖区政府新址工地 M32 出土，郴州市博物馆藏

e: 东汉琥珀鸟形珠饰，1997 年郴州马家坪湘运公司工地 M11 出土，郴州市博物馆藏

f: 东汉玛瑙、绿松石、琥珀珠串，1960 年长沙东屯渡万年红公社东汉墓 M001 出土，湖南博物院藏

图 15　各种形制的琥珀珠饰

　　孙机认为这些小动物珠都是系臂之物，在平时可以佩戴，属于《急就篇》中所说的"系臂琅玕虎魄龙"，"射魅辟邪除群凶"，是简化了的辟邪[82]。这类动物形珠在全国各地有大量发现，有学者称之为"辟邪形珠"，最初应由印度传入，后与中国本土文化结合，成为一种特殊的珠子[83]。但这类珠子是否均作为臂饰使用，目前尚缺乏足够的考古资料支撑，而其上皆有穿孔，作为佩饰使用是无疑的。

---

82. 孙机:《汉镇艺术》,《文物》1983 年第 6 期；孙机:《汉代物质文化资料图说》,北京:文物出版社,1991 年,第 407 页。

83. 赵德云:《西周至汉晋时期中国外来珠饰研究》,北京:科学出版社,2016 年,第 126 页。

图16 西汉琥珀虎形饰（2008~2009年长沙谷山被盗西汉长沙王室墓M7出土，长沙市文物考古研究所藏）

　　辟邪形珠在国内其他汉墓也有一定发现。南亚、东南亚都有制作宝石微雕珠饰的传统[84]，可能与宗教崇拜有关，当地称为"吉祥珠"。广西、广东、湖南、江西、江苏、河南、陕西、北京等[85]国内其他汉墓出土有部分直接进口自域外的辟邪形珠，也有使用外来（琥珀、玻璃）或本地（和田玉）材质按中国样式在本地制造的小型辟邪形珠子，显示审美或信仰的跨地域传播，甚至有工艺的传播。

84. 班查·彭帕宁著，林景玟译：《一定要收藏的古珠·天珠珍贵图鉴》，新北市维他命文化，2013年，第87~100页。又可参见：Elizabeth Moore, *Early Landscapes of Myanmar*, River Books Press Dist A. C. 2007, p.24; Maurya Jyotsna, *Distinctive Beads in Ancient India (BAR International)*. British Archaeological Reports Ltd., 2000, pp.36-63.

85. 左骏：《合浦的金银及宝玉石串饰与微雕》，李青会、左骏、刘琦等：《文化交流视野下的汉代合浦港》，南宁：广西科学技术出版社，2018年，第363~404页；郑州市文物考古研究所、巩义市文物保护管理所：《河南巩义市新华小区汉墓发掘简报》，《华夏考古》2001年第4期，该墓出土有3个水晶虎形辟邪形珠；刘卫鹏：《陕西咸阳杜家堡东汉墓清理简报》，《文物》2005年第4期，该墓出土有琥珀、水晶辟邪形珠。

通过对湖南地区出土汉代琥珀器物进行科技检测研究，学者认为它们的原料既有波罗的海琥珀，也有缅甸琥珀[86]。它们应该是从波罗的海或缅甸通过海上丝绸之路输入到岭南，再传到湖南。有些有明显中国风格的器物，如有汉字的琥珀印章、胜形佩、耳珰等，应该是用进口原料由国内工匠在本地制作的。当然这也不排除原料有从其他丝绸之路进入中国的可能。

六、小　结

从国内出土的以上几种宝玉石珠饰可以看到，西汉中期开始，随着汉王朝政治经济逐渐强盛，海路、陆路的贯通使珠子的数量、材质、种类都丰富起来，海外输入的水晶、红玉髓、玛瑙、琥珀珠数量多，材质好，雕琢精。尤其是出土了大量缠丝纹玛瑙珠管、红色玉髓珠、多棱面体水晶珠管、海蓝宝石珠管、石榴子石珠等，从形制、工艺和材质分析，其应来自印度或中亚、东南亚，是中外文化交流的物证。这些珠子在合浦、广州的汉代墓葬有过不少发现，为海外输入之物。它们出现在湖南地区，说明海上丝绸之路对湖南影响深远。

湖南汉墓出土的这些珠子来源复杂，风格多样，既有来自西方地中海地区的产品，也有南亚次大陆和东南亚制造的贸易品。不仅单个或同类多个珠子是如此，即使是同一墓葬不同材质的串珠来源也是如此。湖南有70多座汉墓出土有不同质地的珠串，其中绝大部分集中在长沙。这些珠串主要由玛瑙、红玉髓、水晶、琥珀、玻璃、海蓝宝石、金珠子等串成，来源很复杂，来自多个产地。以湖南耒阳营建工地 M 17 东汉墓出土的串珠（图 17）为例，此墓出土的串珠有 9 颗，包括球形红玉髓珠、球形琥珀珠、钾玻璃质地的六棱柱状珠、石榴子石珠、多棱面体红玉髓珠、六棱桶状水晶珠、中有白线的缠丝纹玛瑙珠、琥珀小兽形珠。分析这串珠子，我们可知，制作粗糙的球形红玉髓珠，多见于公元 1～3 世纪海上丝绸之路沿线遗存，越南南部、柬埔寨、泰国非常常见；球形琥珀珠、琥珀小兽形珠，具有浓厚的中国风格，可能是外来材料本地加工；钾玻璃质地的六棱柱状珠，外形仿海蓝宝石，成分体系为中等钙铝钾玻璃，产地可能为南亚；石榴子石广泛发现于合浦、广州等岭南地区，根据其矿物包裹体推测，应该来自印度西北部地区，印度的石榴子石不仅向东方贸易，也广泛地传播到乌拉尔山南麓及地中海地区，泰国南部、柬埔寨、越南也常见；多棱面体红玉髓珠，广泛发现于南亚和东南亚地区；长条形六棱桶状水晶珠，广泛发现于印度

---

86. 刘琦、张艳华、李星杓、章璇、李青会：《几件湖南汉墓出土的琥珀制品研究》，《宝石和宝石学杂志（中英文）》2023 年第 25 卷第 4 期。

钾玻璃质地的六棱柱状珠　　　　六棱桶状水晶珠

球形红玉髓珠

石榴子石珠　　　　中有白线的缠丝纹玛瑙珠

球形琥珀珠　　　　多棱面体红玉髓珠　　　　琥珀小兽形珠

图 17　串珠（1955 年耒阳营建工地 BM017 出土，湖南博物院藏）

南部、孟加拉恒河三角洲、泰国南部、越南南部、中国岭南，为典型贸易珠；中有白线的
缠丝玛瑙珠，广泛发现于岭南、广陵国故地、长安京畿、海昏侯墓地等诸多地方，流传范
围广，数量较多，也广泛发现于泰国、缅甸、越南等东南亚国家和印度、乌拉尔山南、黑
海北岸。可见，这串珠子来源可能有中南半岛、南亚次大陆、红河三角洲等多个地区，或
外来原料本土制造。

　　目前的出土资料表明，湖南乃至岭南地区到目前为止，没有明确的汉代宝玉石珠饰生
产加工作坊，缺乏手工业考古的证据，但东南亚和南亚地区有诸多翔实可靠的珠饰加工作

坊遗址以及原材料料块及半成品出土，显示手工业考古中完整的加工工艺过程。

这些从南亚或者东南亚传入的珠子进入中国后，先进入广西、广东，从合浦、番禺登陆，通过潇贺古道（以其连接潇水与贺水而得名，北接潇水，入洞庭湖，连接长江），或"湘桂走廊"（包括经由灵渠沟通的湘江—漓江一线的水路和自今湖南永州、东安，经广西全州、兴安、灵川到桂林的陆路两途）到达湖南中部。从内河水路和陆路到达长沙的货物，又在长沙进行分散，顺陆路向北穿过湖北、河南到长安京畿地区，或者沿着水路向东经江西，向安徽、江苏等地延伸。由于内地各省出土的汉代珠饰资料发表图像尚少，我们对其研究尚不够充分，目前很难厘清珠饰品由长沙向其他各地流布的清晰线路，但不可否认的是，湖南尤其是长沙，是汉代海上丝绸之路内陆段的重要节点，在海上丝绸之路文化传播中发挥了极为重要的作用。

长安城的一些考古发现，也为我们提供了汉王朝与东南亚密切交往的证据，如1975年西安南陵丛葬坑出土的犀牛骨骼，经鉴定为爪哇岛的独角犀[87]。出现在汉长安百戏中的"寻撞"——人手持或头顶长竿，数人沿竿而上的杂技艺术，来自南洋地区[88]。相较于陆上路线，海上航线或更为安全和便利，故罗马帝国与汉王朝最终实现官方的直接沟通，走的是经由日南郡的海上航线[89]。汉桓帝延熹九年（166年）"大秦王安敦遣使自日南徼外献象牙、犀角、玳瑁，始乃一通焉"[90]。林英通过对《后汉书》以及魏晋南北朝诸史中的大秦传等文献的研究，得出公元2世纪中叶之后中国社会对罗马帝国的了解，是通过南印度和南海路传入中国的结论[91]。由此可见，海路交往并不完全是陆路的补充，至少发展到东汉时期，其在国家对外关系中的重要性已日渐突显。

基于以上的论述我们可以得出这样的结论：湖南与境外发生文化与贸易的联系至少在西汉中晚期，而且主要是通过海上丝绸之路实现的，湖南是汉代海外贸易之路的重要环节。

---

87. 王学理：《汉南陵丛葬坑的初步清理》，《文物》1981年第11期。
88. 林梅村：《古道西风——考古新发现所见中西文化交流》，上海：三联书店，2000年，第183页。
89. 熊昭明：《汉代合浦港考古与海上丝绸之路》，北京：文物出版社，2015年，第31页。
90. [南朝]范晔：《后汉书·西域传》卷八十八，北京：中华书局，1965年，第2920页。
91. 林英：《公元1到5世纪中国文献中关于罗马帝国的传闻——以〈后汉书·大秦传〉为中心的考察》，《古代文明》2009年第10期。

长沙窑瓷器上的外域文化因素

张海军　长沙市博物馆

长沙窑，又称铜官窑，是晚唐五代时期我国外销瓷的重要组成部分。随着唐代社会经济的发展，中外文化交流的日益增多，以及海上运输能力的提高，陶瓷作为对外贸易的主要商品被运往世界各地，最远可到达非洲东海岸。这一时期的外销瓷，可以"三驾马车"概括，即越窑青瓷、邢窑白瓷和长沙窑彩瓷。其中长沙窑瓷器造型美观，兼具实用性和装饰性，独具异域特色，受到各地人民的喜欢，因此在东亚、东南亚、西亚和北非等地均有发现。长沙窑作为我国唐代重要的外销瓷窑，无疑充当了9至10世纪中外文化交流的重要桥梁，其产品在器形、装饰手法等方面都明显受到了西亚、南亚等外域文化因素的影响，具体包括伊斯兰教、祆教以及佛教等，这其中以西亚伊斯兰教文化和南亚佛教文化对长沙窑的影响最深。

首先，长沙窑受到西亚伊斯兰文化的影响很深，这点可以从长沙窑釉彩、器形、装饰纹样及技法等方面予以表现。

釉彩方面，西亚自古较为喜爱颜色绚丽多彩的器物，比如黄金、白银、珍珠、宝石和玻璃等。长沙窑工匠在长期模仿金银器的实践中逐渐掌握了相关颜色的呈色技术，使得生产出的器物的色泽与西亚崇尚的金银器、玻璃器等十分接近，如青釉、白釉及绿彩等。长沙窑所施青釉与越窑相比更加偏黄，有学者称其为"枣黄釉"，认为其与金器、铜器颜色很是相似。沈福伟先生《中西文化交流史》中记载，"公元10世纪阿拉伯史学家比鲁尼曾点评当时的进口瓷器：杏黄色瓷器最佳，腹薄、色净、声脆，奶彩色次之，各种浅色者又次之"[1]。釉下彩是长沙窑赖以生存的重要手段，其装饰手法分点彩、条彩、块彩和线彩四种，其中点彩、条彩及块彩受到了伊斯兰陶器装饰艺术的影响。

点彩，是典型的伊斯兰风格。伊斯兰陶器显著的装饰特点是由圆点组成各种装饰图案，如菱形、圆圈、弧线或排点等，其中伊朗尼沙布尔等地的陶器最为突出，而这些图案

---

1. 沈福伟：《中西文化交流史》，上海：上海人民出版社，2006年，第206页。

图1　青釉褐点彩瓷罐

图2　白釉绿彩几何纹瓷枕

图3　青釉褐绿点彩云气纹瓷壶

图4　青釉褐绿彩壶

图5　青釉褐绿彩罐

图6　白釉褐绿彩碟

图7　青釉褐绿彩器座

又是从波斯萨珊王朝的联珠纹、圈点纹发展而成。根据统计，长沙窑瓷器上的点彩装饰可根据设计形式分为四种，其一为简单的带状联珠纹，一般用于器物的颈肩部，如青釉褐点彩瓷罐（图1）；其二为具有西亚特征的几何图形，如白釉绿彩几何纹瓷枕（图2），瓷枕枕面使用绿彩联珠纹勾勒成连续六边形，布满整个枕面，形成全新的图案，其构图手法与伊斯兰建筑上的图案如出一辙；其三是具有中国传统纹饰特征的点彩图案，如青釉褐绿点彩云气纹瓷壶（图3），这类点彩纹饰既具有西亚民族特色，又具有中华民族的意境；其四是将多种装饰手法并用，如将点彩与线描、书法结合使用。

条彩，以釉下褐绿彩为主，也有褐红彩、褐蓝彩两色相间相融的，均成垂流状或浸满状。主要装饰于壶、罐的腹间或系下（图4、图5），碗、盘、杯的内壁（图6），以及器座和小动物周身（图7）。条彩形成的纹饰长短粗细随势，变化无定，有流动的美感，意趣天真自然。此举与伊斯兰陶器常饰的竖条纹有异曲同工之处。

图 8　青釉褐斑壶

图 9　长颈壶

图 10　背水瓷壶

　　块彩，主要为褐色，多与模印贴花共同使用，如在壶的腹部贴花处饰以大块褐彩，使贴花更为明显，也有部分饰有大块褐彩但无贴花装饰（图 8），亦有在碗、钵、罐等器物口沿装饰褐彩。其中在贴花上饰以大块褐彩的工艺，可能受到金银器影响，唐代金银器上多半饰有精美的纹饰，这种纹饰是锤鍱而成，为了使纹饰更加突出，便在纹饰部分鎏金。唐代瓷器造型仿金银器趋势非常明显，在装饰手法上借鉴也属正常。

　　器形方面，长沙窑是在我国传统制瓷工艺的基础上发展起来的，但也受到西亚伊斯兰文化的影响，其中西亚地区尤其是伊朗（波斯）陶器的影响更为突出，这在壶、杯、罐、灯、俑等器形上有着明显体现。

　　壶，作为长沙窑的大宗产品，其造型多达 20 余种，部分即吸收了西亚伊斯兰元素，如长颈壶、溜肩长嘴壶、背水瓷壶等。长颈壶（图 9），广口略外侈，颈略长，深腹，饼形底或平底，有八角形短流和柄，少数有两系，如去掉壶流和两系则与西亚流行的水壶颇为相似。溜肩长嘴壶，马文宽先生认为"显然是受到伊朗胡瓶的影响"[2]。胡瓶侈口，槽状流，斜肩，腹部鼓出，最大弧度在腹下部，底下有喇叭形高足，此种器形在唐代以前没有，但却在萨珊王朝金银器中常见。长沙窑将壶的口部变成圆形，并在颈肩处装柄。背水瓷壶（图10），其口小，便于携带，造型多借鉴西亚、中亚游牧民族随身携带的水壶，是适应游牧文化而创造的器形。唐代以前，湖南地区并没有发现类似器物，随着唐代中西文化交流及贸易往来，这种器形也被长沙窑工匠所吸收。

　　花口器，在长沙窑瓷器中大量发现，其属典型的仿金银器作品，制作较为复杂。从各地出土的长沙窑瓷器来看，花口器口部有海棠口、葵花口、荷叶口、多曲花口等，因极力

2. 马文宽：《长沙窑瓷装饰艺术中的某些伊斯兰风格》，《文物》1993 年第 5 期。

效仿金银器，因而受到西亚地区人们的喜爱。海棠式花口器（图11），又被称为长杯或耳杯，由波斯、粟特银器的多曲长杯演变而来。此种长椭圆形多曲瓣状的杯形容器起初在萨珊王朝很是流行，萨珊王朝陨落，大批流亡的波斯人将极具西亚特色的金银器皿制造技术带至中国，国内则开始涌现出模仿波斯风格的陶瓷风潮，海棠式花口器就是典型代表之一。

高足杯（图12），与波斯鎏金高足杯相似，杯腹深，足柄高，线条富于变化。上述花口器中有很大部分底部就是高足的形式，齐东方先生曾经收集的资料显示，高足杯源于罗马—拜占庭系统[3]，经由中亚的粟特人传入中国，然后逐步渗透到陶瓷领域。

夹耳深腹罐（图13），与埃及、美索不达米亚、伊朗等地出土的夹耳盖罐类似，马文宽先生认为其很有可能是长沙窑的仿制来源[4]。

带流灯，形制与伊朗尼沙布尔出土的单色釉陶灯相似。唐代以前，中国所使用的灯极少有流，但西亚等地区的灯却有流，故有很多学者指出长沙窑带流灯"无疑受到外来的影响"[5]，具体就是受伊朗陶器的影响。

胡人俑（图14），长沙窑生产大量的瓷俑，其中有部分根据容貌等特征可断定为胡人形象，马文宽先生认为其"显然也是受到大量阿拉伯、伊朗商人来华的影响"[6]。

除了以上几种器形外，《长沙窑》一书还提到了"西亚灯具中十分流行的八角造型也为长沙窑所吸收，长沙窑的八角烛台（图15）造型便受此影响"[7]。八角造型在伊斯兰文化中是一种非常重要且具有宗教意义的图案结构，更早的时候可能源于他们对星月及光明的崇拜。

装饰纹样方面，西亚伊斯兰文化题材在长沙窑瓷器上有足够多的表现，最直观的表现为在器物上装饰阿拉伯文、椰枣树、联珠纹、鸟纹、外国人物以及抽象纹样等。

在器物上书写阿拉伯文，尤其是可兰经文是伊斯兰陶器的显著特点，其既能作为装饰又具有宗教含义。长沙窑瓷运用阿拉伯文字，很多学者认为"其程度影响之大、范围之广实在无法想象"[8]，由于对阿拉伯文字认识有限，故很多长沙窑瓷器上的阿拉伯文字被当作抽象纹样。根据学者考究，最典型的有两件，其一是扬州出土的背水瓷壶（图16），一面绘有花纹，另一面书写阿拉伯文，中文意思为"真主伟大"；其二是泰国南部9~10世纪的海岸遗址出土的一块长沙窑瓷片，上面书写有中文译为"真主仆人"的阿拉伯文。这些说明

3. 杨阳：《跨文化视野下的唐五代时期长沙窑陶瓷对外贸易研究》，中国艺术研究院硕士论文，2017年。
4. 马文宽：《长沙窑瓷装饰艺术中的某些伊斯兰风格》，《文物》1993年第5期。
5. 孙机：《摩羯灯——兼谈与其相关的问题》，《文物》1986年第12期。
6. 马文宽：《长沙窑瓷装饰艺术中的某些伊斯兰风格》，《文物》1993年第5期。
7. 长沙窑课题组：《长沙窑》，北京：紫禁城出版社，1996年。
8. 王瑜：《长沙窑陶瓷艺术和西亚文化交流》，景德镇陶瓷学院硕士论文，2012年。

图 11　海棠式花口器　　　　　　　图 12　高足杯　　　　　　　　图 13　夹耳深腹罐

图 14　胡人俑　　　　　　　　　图 15　八角烛台　　　　　　　图 16　阿拉伯文背水瓷壶

长沙窑与在华的伊斯兰商人有着密切的联系，甚至可以说长沙窑窑工中含有少量的阿拉伯
工匠。

椰枣树，是西亚地区最常见的树种，也是西亚人民心中的圣物。它对于当地人们有
着举足轻重的作用，阿拉伯有句谚语："椰枣树是阿拉伯人的母亲、姑母和姨妈。"早在两
千多年前的新亚述时期，西亚人民就经常把椰枣树雕刻在神殿石刻上，可以看出它在西亚
人民心中的重要位置。与长沙窑几乎同时期的美索不达米亚白釉蓝绿陶器上也绘有椰枣花
纹。长沙窑之前及之后，国内很少有瓷器以它作为装饰纹样。长沙窑瓷器装饰椰枣纹（图
17），主要以贴花方式呈现，多在瓷壶流及双系下方的腹部，特点是树叶分裂呈羽状，其
很有可能由侨居扬州、广州或来到洪州、潭州经商的胡人直接提供。

联珠纹，为西亚、中亚地区的主要装饰纹样，由其组成的各种图案如菱形纹、圆圈
纹、弧线纹和排点纹是伊斯兰陶器的显著特点，尤以伊朗尼沙布尔等地陶器特点最为突
出。随着中亚、西亚地区金银器、玻璃器等大量输入中土，联珠纹图案渐为中原摄取。长
沙窑也大量借用这一装饰纹样，并加以创造性发挥，多以褐绿彩联珠纹相间使用，组成各
种图案，多为几何图案，主要有云气纹（图 18）、莲花纹、山峦纹（图 19）。

图 17　椰枣纹壶

图 18　云气纹壶

图 19　山峦纹壶

图 20　鸟纹碗

图 21　椰枣纹壶

图 22　异国情侣图残片

　　鸟纹是长沙窑选用较多的装饰题材。壶、碗等大量生产的器形上装饰有凤、雁、鹭鸶、雀等纹饰，其中具有中国传统元素的凤鸟极为少见，大多为雁、雀等。根据学者研究，这类鸟纹与西亚有着密切关系，萨珊王朝时期的陶器多装饰有鸟纹，如伊朗尼沙布尔出土的陶碗中就有鸟纹，这种纹饰在织锦中也很流行。日本学者三上次男先生认为"长沙窑瓷器上的长嘴、长爪、长颈、两翼张开的鸟形图像在中国从未见过，其姿态多与波斯陶器上的图案相类似"[9]。西亚传统纹样中的鸟纹多以双数出现在装饰的器物上，这种装饰手法在长沙窑瓷器上亦为常见。据统计，长沙窑瓷器所装饰的鸟纹大体分两类，其一在釉下彩绘画中作为主题纹饰（图20），其二是与椰枣图案相结合，以模印贴花方式表现（图21），这种方式呈现的鸟纹与西亚传统纹样一样，均为双鸟，置于椰枣羽状叶两侧，此举是长沙窑迎合西亚文化的例证。

　　在长沙窑瓷器中，有装饰外国人物形象的瓷片或完整器。其一是收藏于湖南省文物考古研究所的异国情侣图残片（图22），图案左侧绘一中年男子，他深目高鼻，浓眉横卧，

9.　[日]三上次男：《伊朗发现的长沙窑瓷和越州窑青瓷》，《中国古外销陶瓷研究资料》第3辑，1983年。

图 23　西方人头像瓷碗

图 24　白釉褐绿彩瓷壶

图 25　卷草纹碗

图 26　花卉纹碗

须成八字，是一位头戴汉人纱冠的波斯人；右侧绘一唐代典型侍女，她脸部丰满，涂胭脂，倒垂眉，颈部修长，高髻插金饰，穿胡服。两人默默相对，眉间紧缩，其无言的样子似乎难舍难分。从这对情侣的装束看，男人有汉化现象，女人有胡化现象。其二则是1998年"黑石号"沉船出水的西方人头像瓷碗（图 23），其头发卷曲浓密，鼻梁高大，具有典型的胡人特征。以上两件外国人物图无疑是西方趣味在长沙窑中最直接的体现。

抽象纹样也是长沙窑产品较为常见的装饰题材，其主要是为了迎合伊斯兰教徒的审美需要。因为伊斯兰教"圣训"中明确规定，禁止崇拜偶像，禁止把人和动物等一切生灵塑造出来当作崇拜的对象，因而阿拉伯人对抽象纹样十分感兴趣。长沙窑瓷器上所装饰的抽象纹样大体可分为三种，前两种分别是条彩和联珠纹组成的各种图案，均有一定排列规律，最后一种是变幻莫测的线条（图 24），这种纹饰在西亚地区的器物上可以找到渊源。

装饰技法方面，长沙窑往往通过在碗、钵等器物的口沿部位饰四瓣连弧纹样，或者在碗内饰四方形纹样表现西方伊斯兰文化。

四瓣连弧纹经常装饰在器物的口沿处，一直被伊斯兰陶器作为最重要的特征大量使用，同时其也被运用到了长沙窑中。对口沿作四瓣连弧纹装饰在中国瓷器中是很少使用的，但在"黑石号"沉船出水的长沙窑瓷碗中却几乎个个装饰着四瓣连弧纹（图25）。在当时的中国，除了长沙窑，还有黄堡窑大量使用连弧形纹样，事实证明，黄堡窑作为外销瓷主要经陆上丝绸之路（可能走回鹘道）销往中西亚，而长沙窑则由海上贸易销往西亚。

四方形纹样在长沙窑瓷器中装饰的并不是很多（图26），主要集中在碗的内壁，与口沿处的连弧纹结合使用，多用于外销，"黑石号"沉船出水文物中有类似器物。据研究，此种纹样似乎从魏晋南北朝开始就从西域传来并影响了整个唐朝。它曾被运用于唐代的金银器或织锦纹样上，在更早期的敦煌壁画中也有所反映。这些具有浓厚西域特征的四方纹样最早经西域传到了中国内陆，并对中国传统纹样造型产生了很大的影响。在西亚，它一直被广泛地运用于建筑、陶瓷和纺织纹样中。

除此之外，长沙窑主要的装饰技法——模印贴花及印花工艺也具有浓厚的伊斯兰风格，这种工艺源于波斯萨珊王朝金银器的锤鍱、压印和掐丝工艺。其传入中国后最先影响到中国的金银器制作，随后又被河南的陶工搬到陶器上，随着安史之乱的爆发，中原地区窑工来到长沙后，又将这种工艺与瓷器结合，为长沙窑的陶瓷装饰打开了新的局面。

其次，随着佛教东渐，佛教文化因素逐渐融入中国传统文化并深刻地影响和渗透到社会各个艺术层面，如诗歌、雕塑、绘画、书法等，甚至是陶瓷器等生活常用品的生产，长沙窑也不例外。根据目前发现的长沙窑瓷器来看，其装饰中关于佛教文化因素的运用非常广泛，诸如莲花、佛塔、摩羯、狮子、菩提树、茅庐等。除此之外，一些特定的佛教用具也从功能层面上体现了长沙窑瓷器与佛教文化因素的关联性。

造型方面，长沙窑瓷器几乎涵盖了唐代生产的各种瓷器造型。其中与佛教文化艺术有关的长沙窑器物有净瓶、香炉、茶具、灯具等。

净瓶，或称军持，是由印度传入中国之物，为佛教用具，比丘十八物之一，一般用陶或金属制作，材质不同，作用不同。《寄归传》载："军持有二：若瓷瓦者是净用，若铜铁者是触用。"[10]因此陶瓷材质的净瓶是用来装水净手的。净瓶在长沙窑瓷器中属珍品，见诸报道的有四件，其一是安徽铜陵出土的白釉绿彩净瓶，另三件是1983年长沙窑窑址所在地谭家山、蓝岸嘴、蓝家坡三地发掘时出土，有的饰有莲瓣纹、花卉纹，釉彩有青釉褐蓝彩、青釉绿彩、青釉褐彩。

香炉，长沙窑较为常见，部分为佛家供器。佛教信徒认为"香为佛使"，因此常"行香供佛"，礼佛供养人多持此器，焚香于香炉之中，"行香"所用香炉即称为"行炉"。长沙窑生产一种四环炉（图27），其应是悬吊使用的吊炉，法门寺地宫曾出土鎏金五环银香炉，用法当与此长沙窑器大体一致，可能与坐禅时所用的提环吊香炉有关。

茶具，属于长沙窑瓷器之大宗产品。唐代茶文化发展鼎盛，茶具也随之得到迅速发展。作为茶

10.［唐］义净：《南海寄归内法传》，北京：中华书局，1995年。

图 27　四环炉　　　　　　　　图 28　"岳麓寺茶坺"铭瓷碗　　　　　图 29　铭文扑满

图 30　方底塔形烛台　　　　　　图 31　狮形烛台　　　　　　图 32　带罩如意形壶门灯

　　的消费者，也是传播茶文化的主要群体，僧人与唐时其他群体一样大量使用茶具，这在长沙窑瓷中可以印证。长沙窑的茶具具有浓厚的佛教色彩，甚至出现特意为寺院定做的茶碗，如湖南省文物考古研究所收藏的"岳麓寺茶坺"铭瓷碗（图 28），碗底书"张惜永充供养"六字，这可能是一位施主供献给麓山寺的僧人们饮茶的瓷碗，也许是成批烧制的产品。除此之外，还有"佛"铭瓷碗、"□开禅院"铭碗、"北禅院"铭碗、"文殊院坺"铭碗、"弟子李伟"铭碗、"岳麓庙茶"铭碗、"潭头神坺"铭碗以及铭文扑满（图 29）等，其中扑满上所书写的铭文讲述的是大中年间施主们捐款为重建的长沙道林寺献经的事情。

　　灯具是长沙窑种类较多的一种器形，其中数量最多的是塔形烛台，不仅用于寺庙祭祀，而且还可以供人们日常使用。塔，佛教称为浮屠，是佛教之光，这种塔形烛台有不同形制的底，如圆形、方形（图 30）等。除了塔形烛台外，在部分灯具的局部造型上也有佛教文化元素，如莲花座烛台、狮形烛台（图 31）及带罩如意形壶门灯（图 32）等。

　　除了以上造型外，长沙窑还出土有一定数量的具有佛教元素的雕塑，诸如狮子、摩羯和佛教造像（图 33）等，这些均印证了佛教在长沙窑瓷中的重要地位。

图 33 佛教造像

装饰题材方面，可分为绘画和诗词两种，以绘画居多。绘画根据纹饰不同，亦可分为多种，包括莲花纹、桫椤树纹、建筑佛塔纹、摩羯纹、狮纹、龙纹、佛教人物纹饰等。

莲花，被视为佛教的"圣花"。随着佛教的传入，莲花纹深入到中国文化的各个领域，也成为陶瓷器上的流行纹饰。长沙窑陶瓷纹饰中以莲花为主题的作品不胜枚举，除了刻划莲、浮雕莲及彩绘莲瓣外，更多的是写实莲花，在壶、罐腹部或碟、碗内底以褐绿彩描绘一幅幅生动的莲花，或盛开怒放（图34），或含苞待放（图35），为以往器物上所没有。除了单纯描绘莲花外，长沙窑瓷器还有一类童子坐莲贴花纹饰，其中童子有的持莲蕾，有的双手合十，有的坐于莲花上，有的单腿跪于莲花中（图36）。

桫椤树，又名摩诃婆罗树，是一种古老的木本蕨类植物，其茎直立中空，茎顶部覆盖着螺旋状排列的叶柄和羽状复叶。相传佛祖释迦牟尼在桫椤树下降生，又在桫椤树中涅槃，故佛教将桫椤树视为"圣树"。长沙窑中的桫椤树纹通常以模印贴片的形式被装饰在壶腹流下和双耳罐上，因为"不庇凡草，不止恶禽"，所以长沙窑瓷器上的桫椤树往往要用菱形格栅栏围起来加以特殊保护，这足以见得佛教徒对"圣树"的虔诚之心。长沙窑陶瓷中的桫椤树纹，有的树下饰有珍禽，类似鸽子、鸾鸟、鸳鸯等；有的结有成串果实，桫椤树不开花，不结果，而长沙窑瓷器上的桫椤树有些却结有果实，这被认为是菩提果（图37）。

建筑佛塔纹主要有茅庐纹和佛塔纹两种。茅庐纹（图38）在出土的长沙窑瓷器中较常见，多绘于瓷壶的多棱柱短流下方，腹部中间绘一间孤立的顶如钟形的茅庐，其下有一拱门供人出入，两侧各植一棵树，茅庐似芦苇编织结扎而成，做工十分简陋。这与唐代民居风格相差甚远，所以，有学者就此与敦煌壁画中绘有佛陀和高僧状修行者盘坐在茅庐之内的纹饰做比较，认为茅庐两侧的小树可能是代表佛陀苦修成道的菩提树，而茅庐则代表佛陀苦练的修行场所。佛塔纹有彩绘和贴花两种。彩绘佛塔纹按照层数可分为两种，一种是三层矮塔（图39），尖形，圆柱顶，中间为一圆形建筑物，底座为方形，在塔身两侧饰有对称的"士"字形纹饰，学者对此有深入的研究，认为"士"字形纹饰是"火炬"，表示"圣火"或"灵光"，而三层矮塔应是供奉佛骨或火化僧伽遗骸之用。另一种是九层高塔（图40），塔有两层基座，从第三层到第九层每层都有塔檐，塔身两侧饰有对称的纹饰，此对称纹饰由三层矮塔塔身两侧纹饰推测，也应是"圣火"之类，那么这种九层塔应该就是典型的佛教建筑。贴花佛塔纹多见于外销产品之中，国内也有出土，如青釉褐斑贴花佛塔人物纹瓷壶（图41）及对应的塔纹陶制印模（图42）。从纹样本身分析来看，贴花佛塔纹刻划更精细，其建筑形式多为四角檐顶的亭形，顶部有宝珠，在殿阁式塔基上有围栏，塔门前多有高高的楼梯踏步。

摩羯，印度神话中一种长鼻利齿、身尾似鱼的神兽，被认为是河水之精、生命之本，佛教将其视为一种和平与吉祥的代表物，常见于古代印度雕塑和绘画之中。随着佛教的传

图 34　莲花纹壶

图 35　莲花纹壶

图 36　童子坐莲贴花纹壶

图 37　桫椤树纹陶制印模

图 38　茅庐纹

图 39　三层矮塔纹

图 40　九层高塔纹壶

图 41　青釉褐斑贴花佛塔人物纹瓷壶

图 42　塔纹陶制印模

图 43　摩羯纹壶　　　　　　　　　　图 44　摩羯纹壶　　　　　　　　　　图 45　狮子纹壶

入，摩羯也出现在中国石窟壁画、金银器和陶瓷上，长沙窑瓷壶腹部和碗碟的内底也经常使用。摩羯形象较为丰富，有的背鳍坚硬如刺，有的头似龙，有的口含宝珠（图 43），有的出没于河池之中（图 44），神态栩栩如生。

　　狮子，不但在古代埃及、希腊雕刻中常见，而且也是佛教护法中的神兽。据《传灯录》记载，释迦佛生时，一手指天，一手指地，作狮子吼，云："天上天下，惟我独尊。"《楞严经》也记载："我在佛前，助佛转轮，因狮子吼，成阿罗汉。"[11]长沙窑瓷器上的狮纹（图 45），不似那么凶猛，可以看出借鉴了佛教文化中的狮子因素，并且常作人立状，类似"狮神"，有些往往与佛塔和菩萨形象的舞者组合在一起，甚至有狮子伏于蒲团之上，更增添诸多佛教色彩。

　　龙是中华民族的图腾，龙纹在中国传统文化中寓意深远，长沙窑瓷器中就有许多以龙为装饰的纹饰，但其式样与汉晋时期传统的龙纹有极大的区别。长沙窑瓷器上的龙纹多为脚踏祥云状（图 46），其应是随佛教传入的一种新造型，在唐代很流行。

　　佛教人物纹饰在长沙窑中亦有体现，其多以贴花形式存在，如菩萨纹、飞天纹、骑马纹等。菩萨纹（图 47），集印度佛教文化、西亚阿拉伯文化和唐代汉文化三大艺术特色于一身，面部端庄和善，胸前袒露无遮盖，上绘有璎珞图案，双臂上有翅膀，衣着繁复，彩带从佛冠垂下，穿过肘弯两侧恣意飘摆，相对而言整体体态较为丰满富态。飞天，佛教里主音乐的神。从敦煌壁画中的唐代飞天形象来看，飞天为半裸且较为丰满的形象，身体下飘着浮云，身上缠绕着长长的绸带，随着飞天的动势飘于身后。长沙窑瓷器上的飞天纹饰

11. 转引自长沙窑课题组：《长沙窑》，北京：紫禁城出版社，1996 年，第 224 页。

图 46　龙纹壶

图 47　青釉褐斑贴菩萨纹壶

图 48　青釉褐斑贴飞天纹壶

图 49　青釉褐斑贴骑马纹壶

图 50　"圣水出温泉"诗文壶

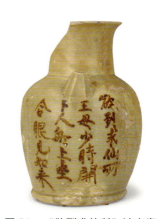
图 51　"欲到求仙所"诗文壶

（图 48）已与唐代人物形象相融合，同时，也可反映出唐代佛教文化已融入普通平民生活。骑马者常作击技状或腾空作特技表演状（图 49）。《长沙窑》编者认为"骑士与游牧部族的生活紧密相关，在佛教教义中，'骑马者'又是出家的象征"[12]。

　　诗文题记是长沙窑装饰的一大特色，其内容非常广泛，包括劝学、爱情、应酬、思念、酒饮等，其中就有三首佛教色彩的诗句及部分题记，题记内容已在茶具中有诸多介绍，此处不再逐一介绍。三首诗文，内容不一，所表现的意图也是有所区别的。"圣水出温泉，新阳万里传。常居安乐国，多衰未来缘"五言诗（图 50），从字面意思可知其反映的是佛教的"因果轮回"观念。"欲到求仙所，王母少时间。卜人盘上坐，合眼见如来"五言诗（图 51），此诗通过简单明了的表达直白地宣扬佛祖，以期待人们能够真诚地信仰崇拜佛祖，并且告诉人们只要这样做就能实现自己的愿望。"念念催年促，由如少水鱼。劝诸行

12. 长沙窑课题组：《长沙窑》，北京：紫禁城出版社，1996 年，第 223 页。

图 52　"念念催年促"诗文壶

图 53　"忍辱成端政"题记

过众，修学至无余"五言诗（图52），诗中所宣扬的内容与前两首有所不同，前两首更多的是向普通大众宣扬佛教教义观念等，而这首诗表现的却是希望僧众能够克服种种困难，做一个虔诚的僧人。"忍辱成端政"五字题记（图53），其完整诗句应是"忍辱成端政，多嗔作毒蛇。若人不骋恶，必得上三车"五言诗，告诫人们要多行善事，弃恶扬善，立地成佛。

综上所述，长沙窑在其产品中大量吸收了西亚伊斯兰教文化和南亚佛教文化元素，并将这些文化广泛运用到其造型和装饰中，进而用于外销。长沙窑正是在这种背景下，通过大胆创新，将西亚、南亚民族自身的文化符号加入其装饰中，进而加入晚唐时期外销瓷市场，并成为"外销三驾马车"之一。

▲▲ 江海共潮生
长江与海洋文明考古文物精品展　COMMON RISE OF RIVER AND SEA
The Yangtze River and Maritime Civilization Exhibition of Fine Archaeological Relics

312

通江达海，贯古通今
——发现"长江口二号"

翟　杨　上海市文物保护研究中心

　　2023年7月，中国航海博物馆举办了"江海共潮生——长江与海洋文明·考古文物精品展"，展出了"长江口二号"古船出水的清同治粉彩二甲传胪图杯、清同治绿釉杯、清同治冬青釉碗、清同治青花梵文折腹碗、清同治青花缠枝莲纹碟五件瓷器（图版112~116），"长江口二号"古船作为通江达海、贯古通今的重要学术课题由此进入了公众视野。

　　上海的水下考古工作起步不早，自2010年启动以来，我们先后发现了"长江口一号"铁质军舰（以下简称"长江口一号"）和"长江口二号"古船（以下简称"长江口二号"），其中"长江口二号"自2010年从渔民口中得到线索，到寻找并确认，再到2022年成功整体打捞，共经时12年，贯穿了上海水下考古的全过程。在此过程中，我们不断探索新的工作模式，既获取了成功经验，也不无遗憾之处。本文回顾了2010~2018年"长江口二号"发现和确认的过程，望能借此分享寻找水下文化遗产的经验，推动中国水下考古学的发展。

一、收集信息和筛选线索（2010~2014年）

　　发现水下文化遗产，摸清水下遗产家底是水下考古的重要任务。与陆地相比，埋藏在水下的文化遗产更不容易被发现。已确认的水下文化遗产较少，其原因主要包括：水下考古起步较晚，调查覆盖范围不够大，探测技术有限，对水下文化遗存埋藏特征认识不够深入等。因此，不断梳理和总结水下文化遗产的发现经验，就显得尤为重要。

　　收集信息和筛选线索是寻找水下文化遗产的重要前置工作。水下考古工作者不仅要从从事海洋活动的各方人员中获得口述信息，还要从海图、报刊和方志中搜寻文献信息，尽可能拓宽信息的来源渠道。

　　在没有全球卫星定位的时代，这些信息大多只能提供水下文化遗产的大概位置。因此，水下考古工作者要对这些信息进行评估，筛选出内容可靠、位置准确的信息作为下一步水下考古调查的线索。由于水上作业成本较高，涉及专业人员、船舶、物探设备等大量

在明显不同，"长江口一号"在声呐图像上可以看到完整的沉船形象。于是，调查队利用"长江口一号"现场的技术装备和人员，对该疑点进行了潜水探摸，以确认疑点性质。海床上凌乱的渔网、竹竿等障碍物给潜水员判断造成了较大障碍，加之对木船结构并不了解，潜水员对此说法不一，始终无法明确该疑点是否为沉船。最后，潜水队中一名资深潜水员通过反复探摸，确认了这是一艘木船，并画出了所探摸到的船体构件的长度和位置关系。根据潜水探摸结果，调查队将该木船命名为"长江口二号"。由于声呐无法提供沉船影像，调查队对于沉船的定性尚有顾虑。因此，为进一步开展工作，调查队再次申请了国家文物局重点文物保护专项。

2016年，根据国家文物局批准，国家文物局水下文化遗产保护中心、上海市文物保护研究中心和国家水下文化遗产保护宁波基地，在上海市财政经费的支持下，对"长江口二号"继续开展调查工作。因为资金有限，海上工作时间不长。

2016年的声呐扫测图像明确显示出船舷和一道一道隔舱板，由此可以肯定这是一艘木船。随后便要确认木船的时代。在浑浊水域确认沉船时代着实不易。潜水探摸所得均为玻璃瓶、塑料螺旋桨等现代垃圾，甚至在船舱内还发现有码放整齐的盐袋子。以上遗物均显示出这是一艘现代木船。因此调查队一方面计划对船体木材进行碳十四测年，另一方面是要寻找瓷器等船货，以解决沉船年代问题。因为碳十四测年需要一定时间，所以现场工作还是以寻找瓷器等船货为主要目标，由此开始在船舱内抽泥抽沙。

考虑到寻常的抽泥抽沙工作可能会对原生堆积与埋藏的瓷器造成破坏，调查队通过改用软管等方式，尽可能避免破坏，但也被迫降低了工作效率，并且受长江口回淤速度快的影响，工作进展十分缓慢。最终，在现场调查工作临近结束时，出水了一件完整的青釉罐，器形奇特，器盖与器身相连，盖顶面有两个圆孔。调查队当时未能立即判断出该器的时代与窑口，后经过热释光测年方知此器年代为清代早期前后。此外，船体木材的碳十四测年结果也显示为清代早中期。由此，我们最初判断"长江口二号"之时代为清代早中期。

但是，调查队清醒地认识到上述判断的依据尚不充分。首先，木材的年代并不等同于沉船的年代，沉船可能采用早年遗留的木材来建造。其次，出水瓷器过少，也难以全面反映沉船年代。因此，调查队希望通过大批量的同类型瓷器来进一步确定沉船年代。

由此，我们改进了抽泥抽沙的工作方法，尽可能提高工作效率，目标直指船舱内的瓷器船货。2018年，根据国家文物局批复，由国家文物局水下文化遗产保护中心、上海市文物保护研究中心、国家水下文化遗产保护宁波基地和武汉基地共同开展"长江口二号"调查工作。此次调查首先沿着船中部的主桅杆，分别向船艏、船艉拉一条绳索，作为参考基线，每5～10米做出不同标记，用以记录水下探摸各个位置的不同特征，并由基线向两侧舷板前后探摸。水下抽泥沙设备不再只用软管，而是改用硬管和软管相结合的方式。根据此前工作经验，软管只能在平潮时由潜水员下水抽沙，水下工作时间极为有限。而硬管的优点则在于不受潮汐影响，可以持续抽沙，大大延长了抽沙时间，显著提高了工作效率。在抽沙进行到一定深度，约1~2米后，潜水员下水了解抽头处情况，在触碰到船板等船体构件和船内遗物后，立即由潜水员操作，改用软管抽沙。

本次调查集中对其中的一个舱进行了局部抽沙清理，在清理到海床下2~2.5米左右时开始出水瓷器等遗物，对部分文物进行了提取，以青花瓷器为主，器类丰富，包括青花梵文折腹碗、青花缠枝莲纹碟与绿釉杯等。其中绿釉杯器底以矾红彩书写"同治年制"四字篆书双方框款，为明确沉船时代提供了重要依据。为避免进一步工作对船体和船货造成破坏，在明确沉船年代后，便立即停止清理。

至此，考古队完成了"长江口二号"的发现和确认工作，明确了该船是一艘清代同治时期的贸易木帆船，船上装载了大量景德镇窑瓷器等船货。

三、小　结

2010~2018年上海的水下考古工作是以"长江口二号"的发现和确认为中心的。这一阶段的工作，无论是陆地调查、水下调查，还是机器人智能化水下考古的探索，都是以发现和确认沉船为主要目标而进行的。

在此期间，我们的信息收集工作不断系统化，在长江口寻找到150多条水下文化遗产信息，在杭州湾寻找到40余条水下文化遗产信息，建立了上海水下文化遗产地理信息系统，实现了上海水下文化遗产"一张图"。其次，我们筹划翻译出版《水下考古译丛》，至今已经翻译出版四部介绍国外水下考古的重要著作。此外，根据2010年长江口水上作业的工作经验，我们认为长江口水质浑浊，水流强劲，在该水域进行潜水工作，其危险系数远非其他水域可比。而在2013年与上海大学的合作中，我们又认识到，随着水下机器人技术的兴起和发展，水下机器人以其特有的优势，有望在上海的水下考古工作中发挥巨大作用。我们由此与上海大学开展长期合作，开始了机器人智能化水下考古的探索。在2014年淀山湖、2015年"长江口一号"以及随后的"长江口二号"调查工作中，都使用了水下机器人等技术装备。2016年，针对长江口浑浊水域研制的光学成像"浑浊水域水下探测装置"，成功申请了国家发明专利。随后几年，我们又对其不断升级换代。2017年，"机器人水下考古装备关键技术与应用"荣获上海市技术发明二等奖。

作为整个过程的亲历者，我们要向所有参加"长江口二号"工作的人员致敬。他们有些已经不在人世，有些已经在做其他行业和项目，但是这段历史还是应该被如实记录下来。

江海共潮生

COMMON RISE OF
RIVER AND SEA

长江与海洋文明
考 古 文 物 精 品 展
The Yangtze River and Maritime Civilization
Exhibition of Fine Archaeological Relics

后记

为传承和弘扬长江与海洋文化，展现中华民族从长江走向世界的光辉历程，中国航海博物馆策划了"江海共潮生——长江与海洋文明·考古文物精品展"。此次展览从确定选题到最终闭幕，前后历时两年有余。作为展览的记录和延续，此书内容在保留展览框架的基础上，吸收了学者们的研究成果，希望尽可能地为读者呈现展览原貌，阐释展览理念，并做进一步扩展延伸，生动展示长江与海洋相关文化遗产的价值和魅力，描绘江海互动交融的壮阔图景。

展览的策划、实施及本书的编写和出版都得到了各方力量的支持与帮助。在此，我们要特别感谢 40 家联合办展单位在展品、宣传、布展、撤展等方方面面的鼎力支持。衷心希望在此次展览中的精诚合作，能够成为我们与各兄弟单位继续携手发展、共进共赢的新契机。此外，长江流域博物馆联盟为展览的组织策划提供了有力支撑；彭学斌老师、章佩岚老师等专家审改展览内容，提出的诸多宝贵意见让我们受益匪浅；上海博物馆、江西省博物馆、湖北省博物馆、绍兴市柯桥区博物馆、成都金沙遗址博物馆等多家单位为我们把关内容或提供相关展品资料；彭学斌老师、喻燕姣老师、李青会老师、刘琦老师、张海军老师、翟杨老师于百忙之中为本书撰写了专题研究文章；文物出版社张冰老师、谷雨老师为展品拍摄与图录校对不辞劳苦。借本书付梓之际，我们一并向所有对展览给予过帮助的单位和个人致以最诚挚的谢意！

此次展览主旨宏大，涉及的时间和空间范围非常广阔，展品类型亦颇为繁杂，因此图书编辑工作量较大，虽历时数月，反复斟酌，其中内容仍难免有疏漏或不当之处，敬请读者批评斧正。

编　者

2024 年 3 月